Christian Heeb • Walter M. Weiss

REISE INS LAND VON
1001 NACHT

FLECHSIG

Christian Heeb • Walter M. Weiss

REISE INS LAND VON
1001 NACHT

Inhalt

151

Ägypten – das wundersame Land am Nil

201

Marokko – Magie zwischen Atlas und Atlantik

Erste Seite:
Ein Halbmond auf der Kuppel einer Moschee: Wie hier am Sultanspalast von Oman in Salalah, der Hauptstadt der omanischen Südprovinz Dhofar, signalisiert dieses islamische Symbol in der gesamten Arabischen Welt, wie untrennbar sich der Mensch im Dies- wie im Jenseits mit dem Göttlichen verbunden fühlt.

Seite 6/7:
Der über und über mit filigranem Schnitzwerk und Stuck dekorierte Innenhof der Medersa Bou Inania in der Altstadt von Fès: Wie hier, in der altehrwürdigen Königsstadt im Herzen Marokkos, beweist die kostbare Ausstattung vieler Koranschulen überall in der Arabischen Welt, welch zentrale Rolle der Islam den Orten der Wissensvermittlung beimisst.

Seite 8/9:
Das Dorf Misfah liegt im Nordoman und gilt als Paradebeispiel einer pittoresken Bergsiedlung. Allein wegen seiner überaus idyllischen, kunstvoll auf schmalen Terrassen angelegten Obstgärten steht es im Ruf einer Pflichtstation für jeden Oman-Reisenden.

Seite 12/13:
Die Dattelpalme – hier am Fuß der Felswände des Wadi Shab im Oman – gilt bei den Arabern generell als „Baum des Lebens". Mit ihr fühlen sie sich emotional ähnlich verbunden wie mit dem Kamel. Bis heute bekommt der Gast in jedem Haus neben dem unverzichtbaren „qahwah", dem Kaffee, als Willkomm eine Schale frischer oder getrockneter Datteln kredenzt.

„Ahlan wa Sahlan!" – Willkommen im Morgenland

Man ergibt sich dem Schicksal nur allzu bereitwillig: Da hat man, um möglichst rasch die vom Flug zerknitterten Kleider und die aus Europa eingeschleppte Eile abzustreifen, gleich in der Früh diesen Ort der Erlösung angesteuert. Und dann liegt man in Erwartung der viel gepriesenen Tortur hingestreckt auf einem der mit Marmor verkleideten Podeste des Hammam, des „Arabischen Bades". Man lauscht dem leisen Stöhnen aus den Nachbarnischen. Bald darauf taucht aus dem Dampf ein Folterknecht auf, angetan bloß mit einem Lendentuch, beugt sich vornüber, packt eine Gliedmaße und beginnt sie zu walken. Als jede Faser der Muskeln zerquetscht zu sein scheint, macht sich sein Gehilfe daran, mit einem rauen, in Seifenwasser getunkten Handschuh Brust, Bauch und Rücken des Opfers zu schrubben. Es fühlt sich an, als würde Quarzsand auf der Haut zerrieben. Zwischendurch bekommt man aus einem blechernen Napf eiskaltes Wasser übergegossen.

Nach dieser ermattenden Prozedur schöpft man auf einer Steinbank Atem. Seinen heißen Leib hat man in leinerne Umhänge gehüllt bekommen, die Füße in übergroße Holzsandalen gesteckt. Süßer Tee wird gereicht. Aus einem Kassettenrekorder windet sich eine endlose Girlande aus Lautenmusik. Über einem spannt sich ein jahrhundertealtes, modriges Gewölbe. Vor einem lässt ein Ungetüm von einem Ofen röchelnd und zischend Dampf ab. Rund um wabern dichte Dunstschwaden. In der Ferne gedämpftes, kehliges Geschwatze, hie und da ein Glucksen ... Die Kompliziertheit des Daseins tritt einem aus allen Poren. Und allmählich beginnt die Seele im orientalischen Rhythmus zu schwingen. Nun, lächelt der Badewart vielsagend, sei man auf die Welt draußen eingestimmt.

Linke Seite:
Dubais Infrastruktur sprengt auch in Hinsicht auf Hotels alle üblichen Dimensionen. Zwei seiner Aushängeschilder sind das dank der Segelform längst zum Wahrzeichen avancierte Burj al-Arab und, diesem zu Füßen, das dem traditionellen Baustil aus Lehm nachempfundene Resort Madinat Jumeirah.

Links:
Ein Blick am Hochplateau des Djebel Shems in die ungeheuren Tiefen des Wadi Ghul. Das an die 1000 Meter tiefe Tal ist von Nizwa aus dank einer asphaltierten Straße bequem erreichbar. Es wird gerne als „Grand Canyon Arabiens" bezeichnet.

Seite 14/15:
„Dschamal", das Kamel, ist der engste Gefährte der Beduinen und gilt ihnen als „Gottes größtes Geschenk". Diese Wertschätzung wurzelt auch in der Nützlichkeit der Tiere. Bis vor zwei Generationen verdankten ihnen die Wüstenbewohner nicht nur Fleisch und Milch, ihre Kapitalkraft und Mobilität, sondern auch Leder (für Zelte und Decken), einen Wundreiniger (den Urin) und Brennmaterial (den Dung).

Wallfahrten der Sinne

Ein anderer Einstieg in die Welt des Orients, der zu Beginn oft sanftes Entsetzen hervorruft: Man betritt, oft durch ein mächtiges Tor, den Basar einer Altstadt, und Gerüche von Blut und Balsam, Dung und Gewürzen steigen einem in den Kopf. Steht man unter dem Lichtdom aus Sonnenstrahlen, die hie und da durch das Kuppeldach in das Gewölbe hereinbrechen, überschwemmt ein Farbenmeer die Augen. Ein Staubbad nimmt man, das man auf der Zunge schmeckt. Die Ohren werden von den heiseren Rufen der Träger und vom kehligen Klagen der Bettler drangsaliert. Und die Menschen kommen einem näher als in den Städten des Westens, verfolgen mit ihren Blicken, wollen begreifen, suchen Kontakt. Doch je länger man durch das Labyrinth flaniert, desto bereitwilliger übergibt man sich dem fließenden Treiben. Man wird nicht müde, kann sich nicht satt sehen, und wetten, dass der Blick schon bald an einer köstlichen Ware hängen bleibt?

Später dann steigt man hinauf auf die Hausdächer und genießt die Aussicht auf jenes Gassengeflecht, durch das man gerade noch flaniert ist. Dabei kann es geschehen, dass einem die Silhouette der flachen Terrassen wie in großzügigen Stufen erbaut scheint, über die man meint, bequem spazieren zu können. Ruft dann der Muezzin zum Gebet, ragen die Minarette wie von Stimmen bewohnte Leuchttürme aus der Ebene, die den Menschen ihren Weg weisen.

Doch mehr noch als diese „Wallfahrt der Sinne" berauscht und fasziniert jeden Neuankömmling das exotische Lebensgefühl, das ihn im Orient umfängt. „Es kam mir vor", schrieb Leopold Weiß, jener ostgalizische Jude, aus dem später der hoch verehrte islamische Gelehrte Muhammad Asad werden sollte, in den zwanziger Jahren auf seiner ersten Morgenlandfahrt, „als wäre ich zum ersten Mal einer Gemeinde begegnet, in welcher die Verwandtschaft zwischen Mensch und Mensch nicht etwa zufälligen Gemeinsamkeiten der Rasse und wirtschaftlichen Interessen entspross, sondern auf tieferen, beständigeren Grundlagen ruhte: auf einer Gemeinschaft der Weltschau und des Lebenssinns, die alle Schranken der Einsamkeit aufhob." Und der britische Abenteurer und Arabienkenner Wilfred Thesiger antwortete einmal auf die Frage, ob er auf seinen Reisen nie einsam war: „In Städ-

Bei den Berbern des Hohen Atlas hat sich eine der ältesten Bauweisen der Menschheit erhalten: die Lehmarchitektur der Kasbahs. Um sich vor den aus der nahen Sahara einfallenden Nomaden zu schützen, schufen sich die sesshaften Bauern Wohnfestungen, denen man in dieser Form sonst nur im Jemen begegnet.
Im Bild: die Kasbah Tamdaght nahe Aït Benhaddou.

ten, wo ich niemanden kannte, ging ich einfach in den Basar und begann ein Gespräch mit einem Händler. Er lud mich ein, in seiner Bude Platz zu nehmen und ließ Tee kommen. Andere Leute gesellten sich zu uns. Man fragte mich, wer ich sei, woher ich komme und stellte unzählige andere Fragen, die wir einem Fremden niemals stellen würden. Und dann sagte einer: ‚Komm, iss mit mir zu Mittag.' Beim Essen traf ich dann weitere Araber, und einer von ihnen lud mich zum Abendessen ein."

Vielfalt in der Einheit

Das Massageritual im Hammam, der Bummel durch die mittelalterlichen Basare, der Chor der Gebetsrufer und die alles umarmende Gastfreundschaft … Solche und ähnliche Szenarien und Begegnungen kann der Abendländer im Morgenland vielerorts bis heute erleben. Sie entsprechen seinen oft von der plüschig-parfümierten Atmosphäre aus 1001-Nacht-Geschichten genährten Erwartungen und beflügeln seine Fantasie. Doch übersieht der Reisende aus dem Westen angesichts der Fülle betörend schöner Klischees für gewöhnlich, dass der Orient weder im sozialen und kulturellen Bereich, noch hinsichtlich

seiner Naturräume eine Einheit bildet. Gewiss, was alle Länder zwischen Atlantik und Indischem Ozean, dem Horn von Afrika und dem Bosporus verbindet, ist das einigende Band des Glaubens: Der Koran, die Sunna, also die überlieferten Taten und Aussprüche des Propheten Mohammed, sowie die berühmten Fünf Säulen des Islams – die Pflichten zum Glaubensbekenntnis, zum Gebet, zur Almosensteuer, dem Fasten und der Wallfahrt – gelten für alle Muslime. Doch bei genauerer Betrachtung tut allein schon in Fragen der Religion Differenzierung Not. Zum einen stehen in vielen Städten, man denke bloß etwa an Damaskus, Kairo

oder Tunis, Kirchtürme und Minarette einträchtig nebeneinander, leben dort also seit alters auch zahlreiche Christen. Und in Marokko zum Beispiel ist bis heute eine große und sehr angesehene jüdische Gemeinde zu Hause. Zum anderen erweist sich die Umma selbst, die Gemeinschaft der muslimischen Gläubigen, in zahlreiche Richtungen aufgefächert. So unterscheiden sich die Ideale der Ibaditen im Oman maßgeblich von jenen der Wahhabiten in Saudi-Arabien, und diese wiederum von den jemenitischen Zaiditen oder den in den meisten Ländern beheimateten Anhängern des Sufismus, der islamischen Mystik.

Schatztruhen der Natur und Architektur

Als ähnlich vielfältig erweisen sich das soziale Gefüge und, daraus resultierend, die Lebensformen: Zwischen dem Fellachen im Uferdorf am Nil, dem Beduinen in den omanischen Wahiba Sands und den Businessmen im klimatisierten Hochhausbüro von Dubai oder Casablanca liegen Welten und Jahrhunderte. Für Reisende besonders augenfällig ist – und dieses Faszinosum vor allem will der vorliegende Bildband dokumentieren – die enorme Vielfalt an Landschaften und

kulturellen Hervorbringungen. Ob die Schluchten zwischen den Dreitausendern des Bergjemen, des Hohen Atlas und Hadjar-Gebirges oder die Dünen des Wadi Rum, der Sahara und Rub al-Khali, ob die Weihrauchbäume im Südoman, die Palmenhaine entlang dem Draa-Tal und in den Oasen von Ägyptens Westlicher Wüste oder die schier endlosen Strände zwischen Tanger und Agadir, am Roten Meer und Arabischen Golf – unerschöpflich ist die Schatztruhe der Natur in diesem Teil der Welt. Und mindestens ebenso reich ist der Fundus an architektonischen Fünf-Sterne-Sehenswürdigkeiten: Unvergesslich ist, um nur eine Handvoll Highlights zu nennen, etwa der Gang durch die Souks von Fès oder Marrakesch, durch das altislamische Kairo oder die Gassen von Sanaa, das Pier Paolo Pasolini mit gutem Grund als „Venedig im Sand" bezeichnete. Atemberaubend sind die Lehmbauten entlang der Straße der Kasbahs und im Wadi Hadramaut, die frühislamischen Moscheen Südarabiens, die nabatäischen Felsengräber in Petra, die römisch-hellenistischen Kolonnaden von Jerash oder Volubilis, aber auch die futuristischen Glasfassaden der Boomstädte am Golf, von Dubai über Abu Dhabi und Doha bis Manama und Kuwait; gar nicht zu reden von den Pyramiden und Tempeln der Pharaonen, die einer Perlenkette gleich das ägyptische Niltal von Gizeh über Luxor bis Abu Simbel zieren. Sie alle sind Zeugnisse einer ungemein vielschichtigen Historie, deren Wurzeln mancherorts ganz tief in zivilisatorische Frühzeiten zurückreichen.

Gretchenfrage Sicherheit

Bleibt die in Zeiten wie diesen beim Thema Orientreisen allzu oft gestellte Frage, nämlich jene nach der Sicherheit: Angesichts der tagtäglich frei Haus gelieferten Gewaltbilder hat sich in den Köpfen vieler westlicher Medienkonsumenten die Vorstellung einer archaischen Religion, deren Anhänger, in blindem Hass gegen den Westen und die Moderne geeint, Frauen entrechten, Andersgläubige enthaupten und sich in Vorfreude auf ein Paradies selbst in die Luft jagen. Es grassiert der gespenstische Glaube, hier sei grundsätzlich eine Macht am Werk, die sich anschickt, in ihrem Fanatismus zunächst einzelne Länder und letztlich die Menschheit ins Unglück zu stürzen. Selbst diejenigen, die nicht vergessen, dass Massenmedien immer Zerrbilder produzieren und die große Mehrheit der 1,5 Milliarden Muslime so friedliebend und gastfreundlich ist, wie es ihre Religion in Wahrheit gebietet, vermögen sich der Bildwirkung nicht zu entziehen. Das Gefühl greift um sich, der von Pessimisten des längeren schon prophezeite „Zusammenprall der Zivilisationen" habe tatsächlich begonnen. Und Reisende fragen sich besorgt, ob man in islamischen Ländern überhaupt noch Urlaub machen kann.

Erinnern wir uns: Vor etlichen Jahren schockten einige blutige Anschläge auf Touristen die Welt. Mit ihren Attentaten in Luxor, auf Djerba oder Bali zielten die fanatischen Islamisten stets auf die tragende Säule der Wirtschaft – den Fremdenverkehr als zentralen Devisenbringer und Garanten für Millionen von Arbeits-

Der Krummdolch alias Khandjar alias Djambija diente den Männern am Golf, im Oman und im Jemen früher, zumindest potentiell auch als Waffe. Heute hingegen ist er bloß noch Dekor und Statussymbol. In traditionsbewussten Familien ist es immer noch üblich, schon den Kindern Miniaturdolche zu schenken.

plätzen. Ihr Kalkül: Mit der Schwächung der Ökonomie werde das politische System destabilisiert und der Weg von einer weltlichen, prinzipiell offenen Gesellschaft zurück ins geistige Mittelalter geebnet. Kurzfristig kann man den Militanten gewisse „Erfolge" nicht absprechen. Nach jeder Bluttat straft eine Stornowelle das betroffene Land. Doch nach der üblichen „Aktion scharf" der örtlichen Sicherheitsbehörden kehrt wieder Ruhe ein. Und bald schon herrscht erneut business as usual.

Das kollektive Gedächtnis westlicher Urlauber ist kurz. Und das ist gut so. Denn objektiv sind die meisten Länder der Region – sieht man von chronischen Unglückszonen wie Afghanistan, Somalia oder dem Irak ab – heute so gefahrlos zu bereisen wie eh und je. Ein Abendbummel durch den Basar von Kairo, Sanaa oder Marrakesch ist ungleich sicherer als in so mancher europäischen Metropole, eine Kreuzfahrt auf dem Nil, eine Wüstentour entlang der Straße der Kasbahs, in die Dünen von Dubai oder ins Wadi Rum ganz und gar unbedenklich.

Gewiss, vielerorts lässt sich die soziale Misere nicht leugnen. Überbevölkerung und Korruption, die Arbeits- und Hoffnungslosigkeit vieler Jugendlicher bilden fruchtbaren Boden für religiösen Radika-

lismus. Doch wie lautet die bittere Lehre aus New York, London und Madrid? In Zeiten der Globalisierung ist kein Ort der Welt gegen Terror absolut gefeit.

Das eigentliche Dilemma der islamischen Ferienländer ist ihr Image, nicht die Realität vor Ort. Denn in der Regel zerstreut der Lokalaugenschein die aus der Ferne gehegten, abstrakten Ängste im Nu.

Ohnedies sollte ein nüchterner Blick auf die Zahlen genügen, um etwaige Sorgen zu relativieren: Politisch motivierte Gewalt hat in der Islamischen Welt unter westlichen Touristen seit Anfang der Neunziger einige hundert Opfer gefordert. Die vier Europa nächstgelegenen Reiseländer (Marokko, Tunesien, Ägypten, Türkei) allein verzeichnen pro Jahr derzeit mehr als 40 Millionen Gäste. Jede Überlandfahrt im Bus, gar nicht zu reden von Räubern, Haien oder Malariamücken anderswo, birgt, statistisch gesehen, ungleich höhere Gefahren.

Und allfällige Mutmaßungen über ein klitzekleines Restrisiko verscheucht man am raschesten mit einer Gewissensfrage: Unser Konsumverhalten nämlich, ob an der Tankstelle, beim Textilhändler oder im Supermarkt, ist längst von gesellschaftspolitischen Haltungen geprägt. Weshalb sollte man sich dann nicht auch

als Kunde der Tourismusindustrie sensibilisieren lassen? Wenn auch das Reisen gewissermaßen seine Unschuld verliert, impliziert jede Buchung zusehends Gesinnung. Folglich setzt, wer seinen Urlaub heute in einem Land jenseits des Bosporus oder Mittelmeeres verbringt, ein Zeichen. Gegen die Kultur des Hasses und der Angst, für Weltoffenheit und die Solidarität mit all jenen Menschen, die sich auch in der Islamischen Welt redlich um Frieden und Weiterentwicklung bemühen.

Linke Seite:
Die Altstadt von Sanaa, der Hauptstadt des Jemens, gilt dank der filigranen, zuckerbäckerartigen Fassadenornamente aus Gips als eines der kostbarsten urbanen Architekturjuwele des ganzen Orients. Nicht nur die herkömmliche, bis zu zehn Stockwerke hoch aus Stein geschichtete Bausubstanz, sondern auch traditionelle Gesellschaftsstrukturen haben in ihrem Gassenlabyrinth bis heute überlebt.

Links:
Geht man in Petra, der geheimnisumwitterten ehemaligen Hauptstadt der Nabatäer im heutigen Südjordanien, durch die Eingangsschlucht, den sogenannten Siq, leuchtet einem an dessen Ende die Fassade des Khazne Firaun, des „Schatzhauses des Pharao", entgegen.

Seite 26/27:
Viele Landschaften, vor allem in Nordafrika und der Levante, aber auch in den Küstengebirgen der Arabischen Halbinsel, strafen das Klischee vom wüsten, also wasser- und weitgehend vegetationslosen Orient Lügen. Im Bild: von blühendem Klatschmohn überzogene Frühlingswiese nahe Taounate in Marokko.

Wadi Hadramaut, das 180 Kilometer lange Wüstental im südöstlichen Jemen, lockt Reisende mit mehreren grandiosen Städten aus Lehm: Sayun, Tarim und, am berühmtesten von allen, die wegen ihrer Turmhäuser als „Chicago Arabiens" berühmte, über 500 Jahre alte ehemalige Karawanenstation Shibam (im Bild).

Oman – des Sultans Musterland

Das Sultanat an der Südostecke der Arabischen Halbinsel ist in mehrfacher Hinsicht anders als ein Großteil des übrigen Arabiens. Noch 1970 ein extrem rückständiges und der Welt weitgehend unbekanntes Land, gilt es heute als ein Musterstaat des Mittleren Ostens und ein touristischer Leckerbissen für Connaisseure. Der Oman war jahrhundertelang eine berühmte Seefahrernation und hat sich seine Weltoffenheit und eine auf stetem Waren- und Gedankenaustausch mit anderen Völkern, aber auch auf einer speziellen Auslegung des Islams begründete Toleranz bis heute bewahrt. In seinen Hafenstädten, zum Beispiel Sur oder Salalah, oder in Sohar, wo man bis heute die traditionellen Holz-Dhaus baut und angeblich vor rund 1000 Jahren der legendäre Sindbad in See gestochen ist, kann man jenen Geist noch deutlich spüren. Kaum minder entspannt und wohlgesonnen begegnet man Gästen heute im Landesinnere. Oasen wie Adam oder Al-Hamra, Misfah oder Manah verwöhnen die Sinne mit schattigen Dattelpalmhainen, sanft plätschernden Bewässerungskanälen und geflissentlich instand gehaltenen Lehmbauten. Als architektonische Highlights gelten die mächtigen Festungen wie jene in Nizwa, Bahla oder Djabrin, Rustaq, Nakhl oder Al-Hazm, von denen die UNESCO mehrere zum Weltkulturerbe geadelt hat.

Historische Hauptstadt Omans ist Muscat, zu Deutsch „Ankerplatz". Sie gruppiert sich am Fuß der an dieser Stelle bis direkt an das Meer reichenden Hadjar-Berge um einen idealen natürlichen Hafen. Ein großer Teil ihrer ursprünglichen Bausubstanz fiel zwar den Umbauten nach 1970 zum Opfer. Dafür erhebt sich inmitten der Bucht der farbenfrohe (post)moderne Palast von Sultan Qabus. Einen gewissen romantischen Charme hat sich der Ort vor allem dank der zwei Anfang des 16. Jahrhunderts von den Portugiesen erbauten Festungen Mirani und Djalali bis heute bewahrt. Im scharfen Gegensatz zum musealen Muscat strotzt der westlich angrenzende Hafen Mutrah vor Lebendigkeit. Als traditioneller Warenumschlagplatz verfügt er über den größten und stimmungsvollsten Souk des Landes und mit Mina Qaboos über einen modernen Hafen.

An der Corniche stehen noch etliche altehrwürdige, filigran verzierte Kaufmannshäuser.

In den jüngsten Jahrzehnten ist die Hauptstadt zu einem Siedlungskonglomerat, der Capital Area, gewachsen. Dieses erstreckt sich 50 Kilometer weit die Küste entlang und auch tief in die Wadis des Hinterlandes hinein. Es umfasst neben den Geschäfts- und Shoppingbezirken Ruwi, Wattayah und Al-Khuwair

Arabiens Beduinen – hier ein stolzer Hausbesitzer in der ostomanischen Provinz Sharqiya – sind längst nicht mehr jene langmähnigen, unbändigen Nomaden, denen der britische Abenteurer Wilfred Thesiger noch nach dem Zweiten Weltkrieg bei seinen Exkursionen am Rand des Leeren Viertels begegnete. Zumindest die Jüngeren können längst alle lesen und schreiben. Die meisten sind sesshaft, viele haben Jobs in der Armee.

auch elegante Wohn- und Villenviertel wie Qurum und Madinat Qaboos, deren Sandstrände von modernen Hotels gesäumt sind. Hoch luxuriöse Hotelkomplexe, namentlich das berühmte Al-Bustan Palace und das funkelnagelneue Shangri-La Barr Al Jissah Resort & Spa, harren auch östlich von Muscat betuchter Gäste.

Höhepunkte für jeden Tierliebhaber können auf einer Oman-Reise die charmanten, weil völlig unblutigen Stierkämpfe in der Batinah-Ebene, die Beobachtung der Eier legenden Meeresschildkröten im Schutzgebiet von Ras al-Djins oder die Begegnung mit einer der immer noch extrem raren, weißen Oryx-Antilopen sein. Für landschaftliche Kontraste – auch zu den schier endlosen Stränden – sorgen die grandiosen Wüsten und Gebirgsszenerien, allen voran der für seine Rosengärten gepriesene und neuerdings auch für Touristen zugängliche Djebel Akhdar, das Wadi Ghul, auch „Arabiens Grand Canyon" genannt, sowie das Dünenmeer der Wahiba Sands.

Eine sehr eigene, noch unberührte Welt ist die Halbinsel Musandam. Dabei handelt es sich um eine felsige, bis über 2000 Meter hohe Gebirgsexklave an der nördlichsten Spitze Ostarabiens, die durch einen 70 Kilometer breiten, zu den

Emiraten gehörigen Landkorridor vom omanischen Kernland getrennt ist und ihrerseits den Arabischen Golf vom Indischen Ozean trennt. Musandam hat große strategische Bedeutung als Beobachtungspunkt für die nördlich vorbeiführende, für den Ölexport aus der Golfregion essentielle Straße von Hormuz. Seine ganze landschaftliche Pracht offenbart das Kap bei der Fahrt ins Hinterland, Richtung Djebel Hafit, oder, spektakulärer noch, an Bord einer Dhau, unterwegs zu den Fischerdörfchen in den verästelten Fjorden.

Einen weiteren reizvollen Sonderfall bildet die subtropische Südprovinz Dhofar. Ihren Küstenstreifen, an dem Kokospalmen wachsen und der Teint der Menschen deutlich dunkler ist, hüllt von Juni

bis September der Kharif, der Südwestmonsun, in kühlende Wolken, Regen und Nebel, und verwandelt ihn in sattgrünes Weideland. Von hier, aus dem legendären Weihrauchland, pflegten schon in der Antike Kamele die begehrten Harze en masse bis ans Mittelmeer zu befördern, auf dass ihr Duft in den Tempeln Alexandrias, Athens und Roms den Göttern und Sinnen der Gläubigen schmeichelte. Die historische Bedeutung der Region hat im Jahr 2000 sogar die UNESCO hervorgestrichen, indem sie die archäologischen Reste der antiken Handelshäfen von Khor Rori und Al-Balid sowie der Karawanenstation Shisr/Wubar samt den heutigen Beständen an methusalemischen Bäumen zum Weltkulturerbe erklärte.

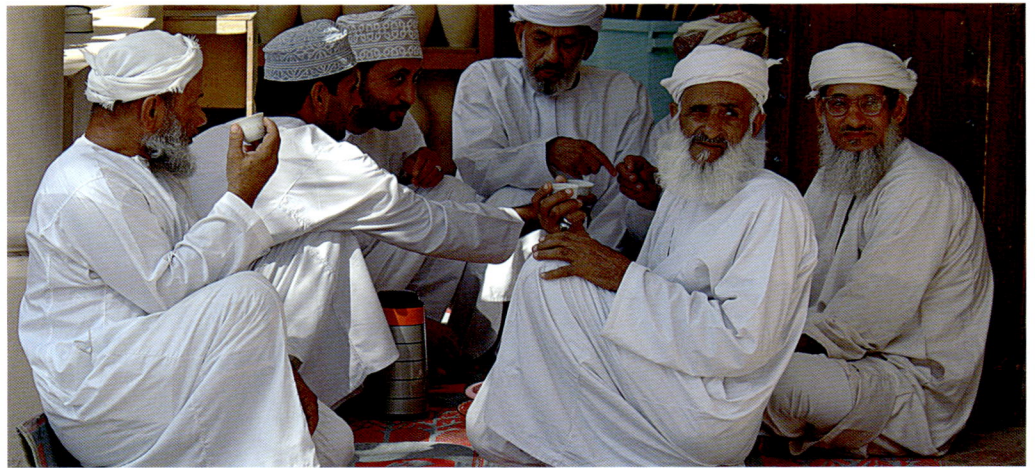

Die Zubereitung von Kaffee (oder Tee) ist für jeden Araber ein unverzichtbares Alltagsritual. Überall zwischen Atlantik und Indischem Ozean versammeln sich, dem Siegeszug von Telefon, Fernsehen und Internet zum Trotz, am Ende der Mittagshitze die Männer, um bei einer Schale „qahwah" Neuigkeiten auszutauschen.

Rechts:
Die arabische Sprache kennt über 160 Synonyme für das Kamel. Das Wort „djamal" etwa steht, unterschiedlich betont, sowohl für das Wüstenschiff als auch für eine schöne Frau. Schon in ihrer Kindheit – im Bild: ein Beduinenjunge in den omanischen Wahiba Sands – lernen Landbewohner die vierbeinigen Gefährten lieben.

Rechte Seite:
Der arabische Chronist Leo Africanus (1495–1550) hat in seiner berühmten „Beschreibung Afrikas" dem Kamel ein ausführliches Kapitel gewidmet. Darin bemerkt er, dass „die Araber nur dank dieser Tiere in der Wüste in Freiheit leben können."

Seite 36/37:
Die südlich des Djebel Akhdar, des zentralen Bergmassiv Nordomans gelegene Siedlung Bahla wird von einer der schönsten und größten Oasen der Region umkränzt. Ihre mächtige Festung stellt ein Meisterstück ostarabischer Lehmarchitektur dar und ist in der UNESCO-Liste des Weltkulturerbes verzeichnet.

Linke Seite:
Die malerischen Dörfer des Bergomans – im Bild: Misfah – bestehen vielerorts aus ineinander verschachtelten Steinhäusern, die wie Adlerhorste auf felsigem Plateau kleben. Umgeben sind sie dank sorgsamer Bewässerung in der Regel von üppiger Vegetation.

Sattes Grün, feuchtkühle, würzige Luft, Bäume, schwer von Orangen, Zitronen, Mangos, Datteln, dazwischen ein plätscherndes Labyrinth aus Röhren, Rinnen und Zisternen ... Beim Spaziergang durch omanische Bergdörfer, hier in Misfah, tut sich ein geradezu subtropisches Schlaraffenland auf.

Linke Seite:
Die „Mutter aller Schluchten" – das Wadi Ghul am Fuß des rund 3000 Meter hohen Djebel Shems. Der ungemein spektakuläre Canyon führt von dem Städtchen Al-Hamra, „der Roten", über 20 Kilometer tief in das Bergmassiv. Das Sträßchen ist gesäumt von mehreren Siedlungen wie dieser, deren Steinhäuser vor Jahrhunderten errichtet wurden.

Rustaq, gut 100 Kilometer westlich von Muscat und 50 Kilometer landeinwärts gelegen, spielte mit seiner imposanten Festung (im Bild deren drei Wächter) in der Geschichte des Inneromans eine Schlüsselrolle. Da sich von hier aus sowohl die Küstenebene als auch wichtige Zugänge in das Djebel-Akhdar-Gebiet besonders gut bewachen ließen, verlegte Anfang des 17. Jahrhunderts ein mächtiger Imam seinen Regierungssitz hierher.

Gewiss, mittlerweile werden auch die Märkte in Omans Provinzstädten von allerlei Massenware überschwemmt. Doch aus dem Meer von Kunstledertaschen, Plastikgefäßen und synthetischen Geweben indischer und pakistanischer Provenienz ragen immer noch so manche Inseln des angestammten, guten Geschmacks. Im Bild: Ein Gewürzhändler auf dem Markt von Bahla.

Rechte Seite:
Auch wenn im Oman die allermeisten Basare längst modernisiert oder überhaupt dem Zeitgeist gemäß Shopping-Zentren nach westlichem Muster gewichen sind: Hie und da stößt man sehr wohl noch auf ein traditionelles Ambiente. Die schönsten Beispiele für malerische Märkte halten Bahla (im Bild), Ibri und, vor allem der olfaktorischen Reize wegen, die Altstadt von Salalah bereit.

Seite 44/45:
Trotz radikaler Umbauten und Abbruchaktionen hat sich das historische Zentrum Muscats zu einem gewissen Grad bis heute die Aura eines romantischen Hafens bewahrt. Dominiert wird die Bucht immer noch von zwei malerischen Portugiesenburgen; rechts im Bild: der moderne Palast von Sultan Qabus.

Linke Seite:
Farbenfroh gekleidete Hausfrauen in der Region Sharqiya: Der Brauch aller Omanis, ob Mann oder Frau, außer Haus eine Kopfbedeckung zu tragen, hat nicht allein modische, sondern auch handfeste klimatische Gründe. Die intensive Sonneneinstrahlung legt dauerhaften Schutz nahe.

Beduinen beim Marktbesuch am Rand der Wahiba-Wüste: Omans etwa 150 000 Halbnomaden leiten ihre Herkunft von rund einem Dutzend Hauptstämmen ab. Theoretisch unterstehen alle Beduinen dem staatlichen Rechtssystem. Doch geht es um Alltagsangelegenheiten, mischt sich die Polizei möglichst wenig ein.

Wahiba Sands, die große Binnenwüste des Omans, bedeckt im äußersten Nordosten eine Fläche von etwa 70 (in West-Ost-Richtung) mal 300 Kilometern (in Nord-Süd-Richtung) und trennt das Hadjar-Gebirge vom Indischen Ozean.

Rechte Seite:
Beduinen in den Wahiba Sands bei Sonnenuntergang. Wohl unter dem überwältigenden Eindruck der in der Arabischen Wüste herrschenden Zeit- und Endlosigkeit schrieb der britische Abenteuerreisende Wilfred Thesiger in den 1960er-Jahren: „Das Beste im Wesen der Araber kommt aus der Wüste ... Von dort stammt der Stolz auf ihre Herkunft, stammen ihre Großzügigkeit und Gastfreundschaft, ihr Mut und Humor, ihre Geduld, ihre Würde, und der Respekt, den sie für die Würde des anderen empfinden."

Gegen die allgemeine Kulturkonfusion, von der manch andere arabische Völker befallen sind, scheinen die Omanis erstaunlicherweise ziemlich immun zu sein. Natürlich geben auch hierzulande die Wohlhabenderen ihr Geld für manch importierte Zerstreuung wie etwa TV-Geräte, Satellitenschüsseln und Luxuslimousinen aus. Aber gewisse Traditionen werden – so empfindet man als Besucher – sorgsamer gepflegt als anderswo. Die Wasserpfeife etwa gehört, wie hier im Touristencamp in den Wahiba Sands, für viele immer noch zum täglichen Abendprogramm.

Linke Seite:
Die Felshänge und Wadis des
Djebel Shems, einem mächtigen
Bergklotz im Herzen des Djebel-
Akhdar-Massivs, sind weitgehend
vegetationslos und trocken. Die
Dörfer auf dem Saiq-Plateau,
der mit Wasser gesegneten
Hochebene, jedoch sind dank
ihres moderaten Höhenklimas
für ihre Rosen und Obst –
Granatäpfel, Aprikosen und
Pfirsiche, Mandeln, Weintrauben
und Walnüsse – berühmt.

Links:
Hoch droben, unweit des Gipfels
des Djebel Shems, schweift der
Blick über felsige Wände hinab
in die schwindelerregenden
Tiefen des Wadi Ghuls.

Seite 54/55:
Im Inneren des Omans verdanken
die meisten Oasen ihre Existenz
den sogenannten Aflaj
(Singularform: Faladj), einem
vermutlich rund 500 Jahre vor
Christi Geburt ersonnenen,
weitverzweigten System aus
Tunnels und Kanälen, über die
aus Quellen oder unterirdischen
Brunnen Wasser in die Dörfer
und auf die Felder geleitet wird.
Im Bild: Terrassengärten auf dem
Djebel Akhdar.

Linke Seite:

Im Oman trifft man als Reisender so gut wie nie auf bettelnde Kinder, auf Aggressionen oder Arroganz. Kenner führen dies auf einen gesunden, nationalen Stolz zurück. Das Land sei zum einen nie wirklich Kolonie gewesen. Zum anderen hätten seine Seefahrer ihren Nachkommen Liberalität und Weltoffenheit vererbt. Außerdem predige ihre Religion, der Ibadismus, seit nunmehr über 1000 Jahren Toleranz.

Nizwa, die größte Stadt des Inneromans, blickt nicht nur auf eine lange Geschichte als spirituelles, sondern auch als politisches Herz des Landes zurück. Von hier aus gelang der Yaruba-Dynastie im 17. Jahrhundert die Einigung der Stämme und infolge die Vertreibung der Portugiesen von der osmanischen Küste. Damals (um 1660) entstanden auch das örtliche Fort und die Stadtmauern, vor deren Tor dieser Herr selbstbewusst posiert.

Stolz tragen die Jungen auf dem Markt von Nizwa ihre traditionelle, farbig bestickte Kumma zur Schau. Im Osten der Arabischen Halbinsel hat das grau-braune Einerlei von Hosen und Sakkos, Röcken und Mänteln, ja Trainingsanzügen und Blue Jeans, das anderswo auch in der islamischen Welt das Straßenbild prägt, nie Einzug gehalten. Oben links: Kinder in der südöstlich von Nizwa gelegenen Oasenstadt Sinaw.

Rechte Seite:
Jeden Freitag Vormittag findet unmittelbar neben dem Suq von Nizwa, der altehrwürdigen Hauptstadt des Inneromans, der große Viehmarkt statt. Aus der ganzen Umgebung strömen die Beduinen herbei, um Lämmer und Ziegen feilzubieten oder zu erstehen.

Die nach Sultan Qabus benannte Große Moschee erhebt sich in Al-Ghubrah, einem modernen Bezirk der Hauptstadt Muscat. Dieses mit Abstand größte Gotteshaus des Landes ist ein Geschenk des Regenten an sein Volk anlässlich des 30-jährigen Jubiläums seiner Thronbesteigung und die einzige Moschee des Landes, die auch Nicht-Muslime betreten dürfen.

Der Oman bietet Reiseerlebnisse für alle Sinne, ganz besonders aber für die Nase. Auf jedem Gang durch einen Basar umschmeicheln duftende Salben, Parfümöle und Räucherwerk den Geruchssinn. Im Bild: der vor allem für sein Weihrauchangebot berühmte Hafa-Souk in Salalah, der Hauptstadt der Südprovinz Dhofar.

Der berühmte Basar von Mutrah, dem zentralen traditionellen Markt der Hauptstadtregion, ist trotz heftiger Konkurrenz durch hypermoderne Shopping Malls bis heute bestens sortiert. In seinem Goldsouk stößt man auf erlesenen Schmuck und in den angrenzenden Antiquitätenläden auf kostbare silberne Amulette, Khandjars und Korankapseln.

Rechts:
Ein Sturm dräut über dem Jebel Akhdar, unweit von A'Sherageh.

Bilder ganz rechts:
Olibanum, das kostbare Harz des Weihrauchbaums, wird vorwiegend während der heißen Frühjahrsmonate im Dreiwochenrhythmus geerntet. Das getrocknete Harz der knorrigen, kurzstämmigen Weihrauchbäume verhalf der Provinz Dhofar in der Antike zu dem Beinamen „Glückliches Arabien".

Rechte Seite:
Boswellia sacra, der Weihrauchbaum, gehört nicht dem Kollektiv eines Stammes, sondern steht traditionell im Besitz einzelner Familien. Er lässt sich weder züchten noch verpflanzen und gedeiht nur an ganz speziellen Standorten. Im Bild: ein Exemplar auf dem Djebel Qamar, westlich des dhofarischen Küstenorts Mughsayl.

Seite 66/67:
Mit einer spektakulären Gebirgslandschaft wartet das nördlich von Sur landeinwärts führende Wadi Tiwi auf. Es lässt sich, weil zu felsig und schmal, nur per pedes erkunden und ist von mächtigen Palmen gesäumt. Im Bild: eine Moschee am Eingang ins Tal.

Rechts:
Nicht nur im Oman reicht man Gästen zum Kaffee gerne Datteln. Sie gelten noch heute als Garant dafür, ein hohes Alter zu erreichen und dabei geistig und körperlich fit zu bleiben.

Bilder ganz rechts:
Palmen versorgen den Menschen mit Flechtmaterial, Fasern, Holz und auch Schatten. Ihre kostbarste Gabe jedoch sind die Datteln, die je nach Sorte und Mikroklima zwischen Juni und Dezember geerntet werden. Einem alten Brauch gemäß pflanzen viele Omanis für jeden neugeborenen Sohn einen Dattelpalmschössling. Da die Bäume etwa so alt wie Menschen werden, boten sie ihrem Besitzer früher eine lebenslange Garantie gegen den Hungertod.

Rechte Seite:
Zu den unbestritten malerischsten Flusstälern des Landes zählt das ein Stück nördlich von Qalhat im rechten Winkel zur Küste tief ins Hadjar-Gebirge schneidende Wadi Shab. An seiner Mündung muss man das Auto stehen lassen und mit einem kleinen Boot über das Flussbett setzen, um hernach wadiaufwärts laufen zu können.

Das Bergland rund um Salalah – im Bild: der Djebel Samhan bei Sonnenaufgang – ist der Lebensraum der Jebali. Diese Bergnomaden sind die eigentlichen Urbewohner des Dhofar und sprechen bis heute einen eigenen Dialekt, genannt „sheri".

Rechte Seite:
Im Hinterland des östlichen Dhofar erhebt sich der Djebel Samhan und eröffnet grandiose Fernblicke. Im Sommer umhüllt der Monsun, einzigartig in der Arabischen Welt, auch seine Abhänge wochenlang mit Nebel und Regenwolken.

Linke Seite:
Wie schlaraffisch das Leben für die Bewohner der dhofarischen Küste ist, zeigt das Beispiel der örtlichen Fischer. Für ihre kleine Mahlzeit zwischendurch brauchen sie nur bloßfüßig am Strand zu stehen und an einer einfachen Schnur kleine Fischstückchen in die flache Brandung zu halten. Auf diese Weise ziehen sie im Abstand von ein, zwei Minuten mühelos mittelgroße Fische an Land.

Links:
Wer von Muscat kommend in Salalah landet oder am Ende der 800 Kilometer langen Wüstenfahrt mit dem Wagen in die gleichnamige Ebene hinabrollt, erkennt sofort, was es mit der oft zitierten Andersartigkeit der Provinz Dhofar auf sich hat. Die Vegetation ist üppiger als im Norden, der Teint der Menschen deutlich dunkler. Und auch das Licht ist anders – tropischer.

Seite 74/75:
Die „Seafront" von Muscats Zwillingsstadt, dem Hafen Mutrah: ihr Wahrzeichen sind die bis zu 200 Jahre alten Handelshäuser an der Corniche, deren Fassaden mit reichem Schnitzwerk versehen sind.

Die Buchten von Bandar Djissah, zwanzig Autominuten südöstlich von Muscat gelegen, entpuppen sich als jedes Tauchers und auch Sonnenanbeters Traum. Die Strände zwischen den steilen Klippen sind feinsandig und, mit Ausnahme eines 2006 eröffneten, luxuriösen Hotelkomplexes, fast menschenleer. Das Wasser ist lau und von gläserner Klarheit.

Rechte Seite:
Wohl die größte Attraktion für Reisende auf der Halbinsel Musandam, der an der Straße von Hormus gelegenen und immer noch sehr abgeschiedenen omanischen Enklave, ist eine Tagesfahrt an Bord einer Dhau. Sie führt die schroffen Felswände ihrer Nordspitze entlang durch eine grandiose Fjordlandschaft.

Da schlägt das Herz jedes erholungssuchenden Nordländers höher: der Infinity-Pool des Al Husn Hotel im Barr Al Jissah Resort & Spa in Muscat. In dem Küstenabschnitt südöstlich der Capital Area wechseln einander schroffe Felsszenerien und lange, feinsandige Strände ab. Fast das ganze Jahr scheint über dem azurblauen Golf von Oman die Sonne.

Rechte Seite:
Eine Fünf-Sterne-Anlage wie aus dem Bilderbuch: das auf einem Fels über dem Meer thronende Al-Husn-Hotel, das zu dem 2006 eröffneten Hotelkomplex Shangi-La's Barr Al Jissah Resort & Spa gehört.

Linke Seite:
Laisser-faire am Indischen Ozean. Der Sandstrand in der Ebene von Salalah ist über 50 Kilometer lang, von geradezu unverschämter Makellosigkeit und noch dazu über weite Strecken nahezu menschenleer.

Links:
Ein Spaziergänger am Strand von Qurum, dem Botschaftsviertel der Capital Area von Muscat.

Seite 82/83:
Eine mächtige Düne der Wahiba Sands, jener Sandwüste, die im äußersten Nordosten Omans das Hadjar-Gebirge vom Indischen Ozean trennt. Die hier beheimateten Beduinen ziehen nach wie vor mehrmals jährlich, je nach Zustand der Weidegründe und Temperatur, samt ihrem Besitz, Kamelen, Ziegen, Hausrat und einem Pick-up-Truck, näher an die Berge oder in Richtung der wüstennahen Wadis. Geschlafen wird für gewöhnlich in offenen Zelten aus Palmwedeln.

Zwei Beduinenfamilien in der Nähe von Al-Qabil. Dromedare aus der Region Sharqiya und den Wahiba Sands gelten in ganz Arabien als besonders schnelle und ausdauernde Läufer. Sie kommen häufig bei Rennen zum Einsatz. Die besten werden dabei gerne von Agenten der reichen Scheichs aus den Golfstaaten ausgeforscht und eingekauft.

Seite 86/87:

Im Hinterland der Küste zwischen Muscat und Sur glühen die Berge in der Abendsonne oft mit einer Intensität, als würde in ihrem Inneren noch Lava brodeln. Kein Wunder, bilden sie doch mancherorts eine geologische Sensation. Denn während einander Erdkruste und Erdmantel überall sonst auf der Welt in etlichen Kilometern Tiefe berühren, tun sie es an diesem Küstenstrich mancherorts für jedermann sicht- und betastbar an der Erdoberfläche. Vor dem oft schwarzen, scharfkantigen Basalt verbeugen sich Tektonik-experten deshalb mit größter Ehrfurcht.

Westlich des Hafenorts Mirbat in der Südprovinz Dhofar erheben sich etwas abseits der Hauptstraße zwei weiße Zwillingskuppeln. Unter ihnen ruht ein hochverehrter, im Volksmund Bin Ali genannter Scheich. Der Stammbaum dieses vor gut 800 Jahren verstorbenen Heiligen reicht angeblich direkt bis zum Schwiegersohn des Propheten Mohammed zurück.

Rechte Seite:
Vor dem Mausoleum Scheich Bin Alis liegt ein riesiges Gräberfeld. Tausende fromme Männer und Frauen suchten ihre letzte Ruhe in der Nähe des Verehrten. Sie hofften, an seiner heilsamen Energie auch nach ihrem Tod noch teilzuhaben.

Vereinigte Arabische Emirate – der Zwergstaat als Zukunftslabor

Dubai und Abu Dhabi – ein merkwürdigeres Brüderpaar lässt sich in der Familie der arabischen Städte wohl schwerlich finden. Der eine, vergleichsweise langsam entlang eines krummen Meeresarms gewachsen, ist im Kern seines Wesens selbstbewusst, weil von Jugend an im Brennpunkt des Handels und dadurch an einen gewissen Wohlstand gewöhnt. Der andere, vor vierzig Jahren noch ein schwachbrüstiger Kerl, der sein Dasein auf einer schmalen, sumpfigen Nehrung mit Datteln, Fisch und ein wenig Perlentaucherei fristete, ist heute ein in die Höhe geschossenes Glückskind, das seinen neuen Reichtum zur Gänze dem Schwarzen Gold verdankt. Die beiden waren eifersüchtige Rivalen, die einander, obwohl sie ursprünglich demselben Stamm angehörten, oft beraubten. 1971 haben sie sich, erwachsener geworden, in einem Bündnis vereint und den neuen Frieden bislang auch nicht bereut. Denn beide erkannten, dass Öl zu fördern und Geschäfte zu machen – und sonnenhungrige Nordländer willkommen zu heißen – eine weit einträglichere und bequemere Beschäftigung ist, als Krieg zu führen.

Gemeinsam sorgen sie für fünf kleinere Geschwister, wobei Abu Dhabi der Nährvater ist, der mit seinen Einkünften aus dem Erdöl für über achtzig Prozent des stattlichen Familienbudgets aufkommt.

Der mit Abstand stärkere Touristenmagnet der beiden ist Dubai. Denn an seinem Creek, an dem seit etlichen Generationen schon die Handelsschiffe auf dem Weg zwischen Iran, Indien und dem westlichen Golf vor Anker gehen, wird geklotzt. Und generalstabsmäßig eine Modellstadt der Zukunft entworfen – ein Über-Morgenland, das die ganze Welt das Staunen lehrt: Das wohl spektakulärste und mit 321 Metern lange Zeit höchste Hotel der Welt („Burj al-Arab"), der größte künstliche Hafen („Jebel Ali"), die drei größten künstlichen Eilande („The Palms"), ein Archipel aus 300 ebenfalls von Menschenhand geschaffenen und mit Luxusvillen bestückten Inseln, durch einen ovalen Damm geschützt und mit den Umrissen einer auf dem Meer entrollten Weltkarte („The World"), ein Themen- und Freizeitpark, doppelt so groß wie Disneyland in Florida („Dubailand"), der mit über 800 Metern höchste Turm

und, ihm zu Füßen, die größte Shopping-Mall der Welt („Burj Dubai") und und und ... Nein, der hiesigen Herrscherfamilie Maktoum ist schwerlich vorzuwerfen, sie kleckere.

Seine Anziehungskraft verdankt Dubai allerdings nicht nur der futuristischen Infrastruktur. Es sind, von der ewigen Sonne und dem warmen Meer, den Stränden und unzähligen Highclass-Hotels einmal abgesehen, auch der mit Superlativen gespickte Event-Kalender und das extrem dichte Aktivprogramm, die bei Gästen für Genuss und Kurzweil

Eine Bauchtänzerin im Restaurant „Al Hadheera" des Hotels Jumeirah Bab Al Shams: Im Gegensatz zu manch puritanischen Nachbarstaaten sind den Bürgern der Emirate – mit wenigen Ausnahmen wie etwa dem Glücksspiel und selbstverständlich der Prostitution – sämtliche Freizeitvergnügungen erlaubt.

sorgen. Lust auf eine Wüstensafari? Die Geländewagen zum Dune Driving und die vierbeinigen Wüstenschiffe für den Kamelritt stehen bereit! Wer Traditionen aufspüren will, besucht das Dubai Museum, das Heritage House oder die alten Viertel Shindagha und Bastakiya, fährt an Bord einer Dhau aufs Meer oder zum alten Fort in der Oase Hatta. Sportfans hingegen können etwa im Wild Wadi Wasserpark auf einer Drei-Meter-Welle surfen, im Wüstensand oder auf der überdachten Schneepiste skifahren, dem hochkarätig besetzen Tennis Open, Powerboat Race oder PGA-Golfturnier sowie dem höchst dotierten Pferde- und Kamelrennen der Welt beiwohnen.

Auch Abu Dhabi, die Hauptstadt des gleichnamigen Emirats, deren Name auf Arabisch „Vater der Gazelle" bedeutet, hat vor kurzem zur touristischen Aufholjagd angesetzt. Luxushotels der Sonderklasse, allen voran das an Prunk kaum zu überbietende Emirates Palace, und eine eigene rasant expandierende Fluglinie (Etihad Airways) machen weltweit ebenso von sich reden wie diverse prestigeträchtige, auf der vorgelagerten Insel Saadiyat in Bau befindliche Kulturprojekte – eine Dependance des Louvre von Stararchitekt Jean Nouvel zum Beispiel, ein „Performing Arts Center" von Zaha

Hadid, und ein eigenes Guggenheim-Museum von Frank Gehry. Im herkömmlicheren Sinne für Kurzweil sorgen des längeren schon ein Ölmuseum, ein Kunsthandwerkszentrum und eine sechs Kilometer lange Strandpromenade. Als Ausflugsziele locken die archäologischen Stätten auf der Insel Umm an-Nar, im Hinterland gewaltige Sanddünen, die Oasenstadt Al-Ain mit ihren malerischen Suqs, dem Kamelmarkt und der Panoramastraße auf den Berg (Djebel) Hafit sowie, rund 90 Autominuten südwestlich, die Liwa-Oasen.

Sharjah, das östlich von Dubai gelegene, drittgrößte Emirat, galt (bislang zumindest) dank seiner sehr musischen

Herrscherfamilie als Kulturhauptstadt der Föderation. Größter Besuchermagnet sind denn auch seine Kunstmuseen. Einen Eindruck davon, wie es Abu Dhabi und Dubai ohne Öl ergangen wäre, vermitteln die vier restlichen Emirate: Ras al-Khaimah, einst Haupthafen berüchtigter Piraten, besitzt immerhin ein reich bestücktes Heritage-Museum. Fujairah, am Indischen Ozean gelegen, verwöhnt Gäste mit ausgedehnten Palmenhainen, Sandstränden und einer spektakulären Bergszenerie. Umm al-Qaiwain und Ajman hingegen dösen bis heute völlig vergessen und vom touristischen Standpunkt weitgehend uninteressant im toten Winkel der Weltgeschichte.

Auf den Kamelrennplatz zu gehen – im Bild: eine Gruppe Vierbeiner auf dem Weg zum Training –, ist eine Leidenschaft, der man in Dubai mit besonderer Inbrunst frönt. Die Lust auf Glücksspiel dürfen gläubige Moslems allerdings nur indirekt, über eine unentgeltliche Lotterie befriedigen, deren Preise Sponsorfirmen werbewirksam beisteuern.

Linke Seite:

Den zentralen Trakt des Emirates Palace Hotel bekrönt eine 60 Meter hohe Kuppel, die wie die 82 anderen Kuppeln vergoldet ist. Zu den Einrichtungen der „Sechs-Sterne-Herberge" gehören unter anderem ein Hubschrauberlandeplatz, ein Amphitheater, ein Yachthafen, zwei riesige Swimmingpools und Spa-Bereiche sowie eine Vielzahl von Läden und Restaurants.

Vorzeigebetrieb der Luxushotellerie Abu Dhabis ist das Emirates Palace Hotel. Der majestätische Komplex liegt an einen 1,3 Kilometer langen, weißen Sandstrand hingestreckt, eingefasst von einem 100 Hektar großen Garten. Die an der Fassade und bei der Ausstattung vorherrschenden Brauntöne reflektieren die Farbnuancen von Wüstensand.

Ein Dünenmeer unweit von Al-Ain im Emirat Abu Dhabi: Wer heute als Tourist unbeschwert im Geländewagen durch den Sand düst oder auf luxuriösen Kamelsafaris dem Sonnenuntergang entgegenreitet, sollte nicht vergessen, dass für die an der südlichen Küste des Golfs ansässigen Beduinen das Leben noch vor zwei Generationen unsäglich schwer war. Ganze Stämme gingen an Durst zugrunde. Mit den Nachbarn lagen sie im steten Kampf um Brunnen, Viehherden und Weidegründe. Erst seit wenigen Jahrzehnten existieren ein Rechtssystem, klare Reviergrenzen und für Notfälle staatliche Schiedsrichter.

Rechte Seite:
Die Bedeutung des Kamels für die arabischen Stammesgesellschaften spiegelt sich in der Geschichte wider, die die Beduinen einander über seine Schöpfung erzählen. Demnach seien, während Gott den ersten Menschen aus Tonerde schuf, zwei Klümpchen derselben entglitten und unbeachtet zu Boden gefallen. Ihnen entwuchsen in der Folge die Dattelpalme und das Kamel – zwei dank des gemeinsamen Ursprungs untrennbar mit dem Menschen verbundene Wesen.

Linke Seite:
Im Fort der zum Emirat Abu Dhabi gehörenden Oasenstadt Al-Ain wurde 1918 Sheikh Zayed, der langjährige, im Herbst 2004 verstorbene Staatspräsident der Emirate geboren, der in den Siebzigern dank dem Erdöl binnen weniger Jahre zu einem der reichsten Männer der Welt mutierte. Wo seine Wiege stand, dokumentiert heute das „Palastmuseum" Alltag und Brauchtum, wie ihn die Beduinen in der gar nicht fernen Vergangenheit lebten.

Links:
Zu den größten Steckenpferden der Scheichs zählt die Falkenjagd. Die edlen und geliebten Tiere werden sowohl importiert als auch selbst gezüchtet und auf einem Anwesen außerhalb der Stadt von Spezialisten trainiert.

Seite 100/101:
Rund sieben Millionen Touristen besuchten 2007 Dubai. Für 2012 schon rechnet man im „Las Vegas des Orients" mit mehr als zweimal so vielen. Der Architektur kommt die Rolle zu, die Zukunftsorientiertheit der Stadt zu verdeutlichen. Einer der aufsehenerregendsten Hotelbauten ist das Jumeirah Beach Hotel, das aus der Ferne wie eine gläserne Riesenwelle anmutet.

Rechts:
Der Blick vom Strand des Heritage Centers auf Abu Dhabis Skyline. Die heutige Hauptstadt der Emirate erlebte dank der florierenden Perlenfischerei schon im ausgehenden 19. Jahrhundert einen ersten Boom. Das spätere, entfesselte Wachstum löste jedoch erst die Entdeckung des Schwarzen Goldes Anfang der Sechziger aus.

Rechte Seite:
Schon von weitem grüßt am Strand von Jumeirah in Dubai die unvergleichliche Silhouette des Burj al-Arab. Die Fassade des Hotels, die dieser Mustermetropole einer globalisierten Welt längst als imageförderndes Wahrzeichen dient, hat die Form eines Dhau-Segels und besteht aus einer doppelten, mit Teflon beschichteten Glasfaserhaut.

Seite 104/105:
Entlang der Küste Dubais türmen sich Gebirge aus Glas und Beton. Zu ihren Füßen ziehen Flotten von Luxuslimousinen über mehrspurige Highways. Und rundum am Horizont ragt ein Wald von Baukränen in den Himmel. Die große Geldquelle der Stadt am Creek war, schon lange bevor Ende der 1960er-Jahre das Öl zu sprudeln begann, der Goldschmuggel nach Indien und in den Iran.

Abu Dhabi machte als aufstrebende Tourismusmetropole in den letzten Jahren unter anderem mit dem Emirates Palace Hotel von sich reden. Es wurde um drei Milliarden Dollar inmitten eines 100 Hektar großen Parks an die Marina gepflanzt – ein arabischer Märchenpalast aus 1001 Nacht, der selbst die bisherigen, extravagantesten Maßstäbe der Top-Hotellerie am Golf übertrifft.

Rechte Seite:
Eine Brunnenanlage vor der Sheika-Salama-Moschee im Zentrum von Al-Ain. An Wasser leidet die mittlerweile mehr als 200 000 Einwohner zählende Oasenstadt dank gigantischer Entsalzungsanlagen keinen Mangel: Rund um sie erstreckt sich zwar ein schier endloses Meer an Sanddünen, die Höhen bis über hundert Meter erreichen. Doch die Täler sind vielerorts von akkurat abgesteckten, sattgrünen Feldern bedeckt, deren Existenz und Pflege die Regierung mit immensen Geldmitteln fördert.

Die innere Organisation der meist über quadratischem Grundriss errichteten Turmhäuser folgt einer strengen vertikalen Ordnung: Das Eingangsgeschoss nehmen die Stallungen für die Nutztiere ein. Darüber liegen Abstell- und Lageretagen und Räume für das Dienstpersonal. Es folgen das Wohnzimmer der Familie, die „gute Stube" (diwan), hernach die Schlafräume. Den obersten Stock nimmt der Mafradsch ein, eine Art Veranda, wo der Hausherr zu ruhen, die Aussicht zu genießen oder mit seinen Freunden Qat-Partyes abzuhalten pflegt.

116

Ganz links:
Auch Sanaas zahlreiche Moscheen, deren Minarette und Kuppeln aus der Terrassenlandschaft der Flachdächer himmelwärts ragen, sind in dem für die gesamte Bausubstanz der Altstadt charakteristischen Zuckerbäckerstil verziert.

Links:
Die gemeinsamen Bemühungen von UNESCO und Regierung tragen Früchte: Sanaas Plätze und Gassen und auch der Saila, der zuvor äußerst staubige Stadtgraben, sind gepflastert, ein modernes Kanalisationsnetz ist installiert. Und von den insgesamt 28 verbliebenen Samsarah, den historischen Zoll-, Lager- und Wirtschaftshäusern, wurden mit ausländischer Hilfe etliche restauriert.

Auch im Wadi Doan, einem Seitental des Wadi Hadramaut, schmiegen sich die Lehmstädte überaus fotogen an die Felswände des sogenannten Djol, des von Geröllwüste bedeckten Hochplateaus. Ein besonders markantes Beispiel für die autochthone, jahrhundertealte Lehmarchitektur mit ihren Wolkenkratzern ist die Siedlung Al-Hajarayn.

Rechte Seite:
Shibam, das „Manhattan Südarabiens", ist die Fünf-Sterne-Attraktion des Wadi Hadramaut. Als „Poesie aus Lehm" hat Jemen-Fan Günter Grass die Aura dieses vor rund 2200 Jahren gegründeten Weltwunders beschrieben. Es vereint auf seinem strikt rechtwinkligen Territorium an die 500 bis zu 30 Meter hohe Wolkenkratzer.

Rechts:
Was für den Europäer die Krawatte, ist für den Jemeniten der silberne – oder auch blecherne – Krummdolch. Außerhalb der großen Städte macht ihm allerdings seit geraumer Zeit das Maschinengewehr als Männlichkeitssymbol Konkurrenz.

Ganz rechts:
Dieser Fremdenführer verwendet den Krummdolch, während er vor dem Felsenpalast im Wadi Dar auf seine Touristengruppe wartet, als Handstütze. Um die Schultern hat er eine rot karierte Kufiya, im Westen gemeinhin als „Palästinensertuch" bekannt.

Rechte Seite:
Die Bewohner Shibams – im Bild: ein Antiquitätenhändler in seinem Laden – waren seit alters darin einig, sich nicht gegenseitig auf die Dächer schauen zu wollen. Deswegen beschlossen sie, die Zahl der Stockwerke ihrer Häuser einheitlich auf acht zu beschränken.

Linke Seite:
In den Herzen der greisen Städte des Berglandes, zum Beispiel den Basaren von Haddscha, Taizz, Ibb oder – hier im Bild – Haddschara im Haraz-Gebirge, trifft man auf ein Ambiente, demgegenüber selbst die geheimnisvollsten Orte in syrischen, ägyptischen oder sogar marokkanischen Märkten wie profane Bühnenkulissen anmuten.

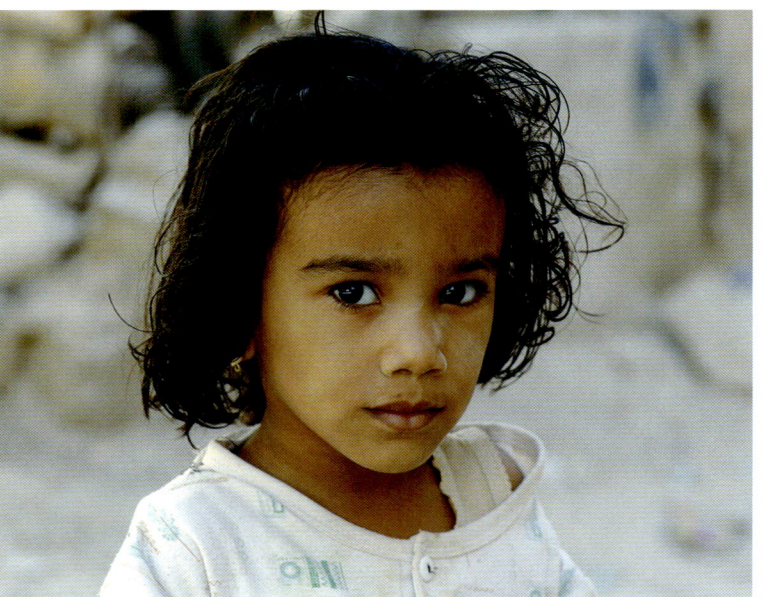

Angesichts eines Bevölkerungswachstums von 3,7 Prozent steht der Jemen mit seinen derzeit 22 Millionen Einwohnern vor enormen Herausforderungen – ganz besonders bei der Schaffung von Arbeitsplätzen und dem Ausbau der Infrastruktur, etwa der Wasserversorgung, der Schulen oder der grundlegenden medizinischen Versorgung.

Die Jemeniten hatten in ihrem Abwehrkampf gegen Eindringlinge und die aufklärerische Moderne traditionell zwei natürliche Verbündete: die Berge und das Klima. Erstere signalisieren unmissverständlich schroff die Unzulänglichkeit ihrer Bewohner. Bis heute haben erst drei Asphaltstraßen den 500 Kilometer langen Hauptgebirgszug bezwungen. Letzteres nimmt den Menschen für mindestens acht Monate mit schweißtreibender Schwüle entlang dem Meer und ausdörrenden Wüstenwinden im Landesinneren in die Zange. Im Hochland aber sind die Temperaturen selbst dann noch erträglich. Auf dieser Doppelseite zu sehen: das nordwestlich von Sanaa gelegene Wadi Dar.

Linke Seite:
Das bloß zwanzig Autominuten von Sanaa entfernte Wadi Dar wird von spektakulären Sandsteinfelsen gesäumt. Ihre vielfältigen Rot- und Brauntöne stehen im wunderschönen Kontrast zum Grün der Gärten, die den Talgrund bedecken. Im Bild: Dar Al-Hajai, der berühmte ehemalige Sommerpalast des Imam Jachjah.

Ein Tal unweit des Dschebel Al-Naby Shaab in den Haraz-Bergen. In jenem Hochland im Herzen des nördlichen Landesteils pflegt der Sommermonsun entlang der bis zu 3700 Meter hohen Gipfel intensiv abzuregnen. Dementsprechend ist intensive agrarische Nutzung möglich.

127

In den Gassenlabyrinthen und Basaren der meisten jemenitischen Städte herrscht noch eine nahezu mittelalterliche Atmosphäre. Auch das Warenangebot entspricht vielerorts noch den angestammten Traditionen. Am zentralen Markt von Sayun zum Beispiel finden aufmerksame Flaneure Weihrauch aus dem benachbarten Oman und auch den berühmten wilden Honig aus dem Wadi Hadramaut.

Rechte Seite:
Ein Händler auf dem Souk al-Milh, dem ehemaligen Salzmarkt im Basar von Alt-Sanaa, bietet zuhauf Trockenfrüchte und Gewürze an.

Der Jemen verfügt über weitaus bessere Bedingungen für die Landwirtschaft als seine Nachbarn. Immerhin sind fast zehn Prozent seines Bodens agrarisch nutzbar. Drei Viertel der Arbeitskräfte sind denn auch im Agrarsektor beschäftigt. Dennoch kann das Land – vor allem wegen Wassermangel – seine Einwohner nicht zur Gänze ernähren. Rechts oben zu sehen: Bäuerinnen im Wadi Hadramaut mit ihren charakteristischen hohen Strohhüten.

Rechte Seite:
In vorrepublikanischer Zeit war die jemenitische Gesellschaft in Standesgruppen organisiert. An der Spitze dieser Sozialhierarchie, die heute noch erkennbar ist, steht die adelige Klasse der hohen Richter, Rechtsgelehrten und Verwaltungsbeamten, die sich als Abkömmlinge des Propheten verstehen; an ihrem Ende die kleine Gruppe der weitgehend rechtslosen Jemeniten afrikanischer Herkunft. Dazwischen rangieren bäuerliche Stammesangehörige und mehrere Handwerker-Klassen.

Jordanien – Land der Bibel, Beduinen und bunten Fische

Wildromantische Gebirgstäler, sanfte, üppig grüne Hügel, die bizarre Salzszenerie des Toten Meeres und das glasklare Wasser des Roten Meeres mit seinen faszinierenden Korallenriffen und einer Fauna, die das Herz eines jeden Tauchers höher schlagen lässt ... Jordanien beschämt jeden Fremden, der in diesem Land aus der Ferne nur eine unscheinbare Wüstenei sah, schon beim ersten Blick vor Ort mit einer nicht erwarteten faszinierenden landschaftlichen Vielfalt. Im Norden, nahe dem namen- und lebensspendenden Fluss, dem See Genezareth und der Grenze zu Syrien, hat es Anteil am sogenannten fruchtbaren Halbmond, wo seit Menschengedenken eine sesshafte, bäuerliche Bevölkerung Landwirtschaft betreibt. Der aride Süden hingegen, der auf der einen Seite, entlang dem Wadi Araba, an die israelische Negev-Wüste, auf der gegenüberliegenden an das nicht minder knochentrockene Saudi-Arabien grenzt, ist der Lebensraum der weitgehend bis heute von Stammesdenken geprägten Beduinen. In den Städten, allen voran der mittlerweile über zwei Millionen Einwohner zählen-

den, modernen Metropole Amman, stellen die Jordanier palästinensischer Herkunft die Mehrheit. Nicht wenige von ihnen leben, seit sie im Laufe des Nahostkonflikts aus ihrer angestammten Heimat vertrieben wurden, bis zum heutigen Tag in Flüchtlingslagern.

Das haschemitische Königreich, das kurz nach dem Zweiten Weltkrieg aus dem bis dahin britischen Mandatsgebiet Transjordanien hervorgegangen ist, leidet unter seiner geostrategisch prekären Lage. Es wird von außen oft als Teil jener

nahöstlichen Krisenzone wahrgenommen, in der es zwar, eingeklemmt zwischen Israel und Irak, den Golanhöhen und dem Westjordanland, in der Tat liegt. Doch hält es seit Jahrzehnten als friedliche, politisch stabile Insel inmitten einer regelmäßig von heißlaufenden Konflikten geplagten Region tapfer die Stellung. Wer jemals Jordanien bereist hat, weiß um das konziliante, weltoffene Wesen der allermeisten Bewohner und auch um seine exzellent ausgebaute Infrastruktur.

Vielerorts in Jordanien hinterließen die Römer prachtvolle Mosaike, von denen sich etliche noch heute in beachtlich gutem Zustand präsentieren. Weltberühmt ist die aus Mosaiksteinen gelegte Landkarte von Palästina in der Georgskirche von Madaba, wo sich eine berühmte Schule für Mosaizisten befindet.

Besondere Meriten hat sich das Reiseland Jordanien als Vorreiter auf dem Gebiet des Sanften Tourismus erworben. Die „Königliche Gesellschaft für Naturschutz" (RSCN) hat, von Ajloun und Dibeen im Norden über Shaumari und Azraq im Osten, Mujib am Toten Meer sowie Dana und Wadi Rum im Süden, über das gesamte Staatsgebiet verstreut, bislang sieben Nationalparks eingerichtet; und damit das gängige Vorurteil des Westens, in der Arabischen Welt schere man sich nicht um die Erhaltung der Umwelt und sei an ökologischen Fragen desinteressiert, Lügen gestraft. Sorgsam markierte Rundwanderwege ermöglichen die Erkundung einer verblüffend vielförmigen Fauna und Flora. Auf Abenteuernaturen warten Canyons, Klettersteige und ein breites Angebot an ein- und mehrtägigen Trekkingtouren auf dem Rücken von Kamelen. Und wer's beschaulicher liebt, kann im Ballon über die grandiosen Wüstenszenerien schweben oder sich in den exquisiten Wellness-Oasen am Toten Meer in heißem Thermalwasser räkeln oder in heilenden Schlamm packen lassen.

Nicht minder reizvoll und oft ebenso ungeahnt ist die kulturelle Vielfalt, mit der das kleine Königreich seinen Gästen aufwartet: Die jordanische Erde bildet seit über neun Jahrtausenden einen ungemein fruchtbaren Nährboden für eine Vielzahl blühender Zivilisationen. Und manches, was sie der Nachwelt hinterlassen haben, gehört ohne Zweifel zu den größten Kulturdenkmälern der Menschheit. Den alles überstrahlenden Touristenmagnet bildet Petra, die 2000 Jahre alte, inmitten einer atemberaubenden Gebirgslandschaft gelegene Handels- und Königsstadt der Nabatäer mit ihren unzähligen Felsgräbern, Tempeln und Opferplätzen. Entlang dem Jordan und im östlich angrenzenden Bergland, vom Mount Nebo bis hinauf zum See Genezareth, kreuzt man die Wege von Abraham, Moses und vielen anderen biblischen Heroen. In Bethanien kann man stehen, wo Johannes lebte und Jesus, von diesem getauft, erstmals zu Gott betete und begann, seine Jünger um sich zu scharen. An Orten wie Pella, Umm Qeis und, am imposantesten, in Jerash, aber auch im Herzen Ammans, dem antiken Philadelphia, erinnern Ruinenfelder an das zivilisatorische Raffinement der Römer. Entlang dem King's Highway zeugen die Burgen von Kerak und Shaubak vom Kampfeswillen der Kreuzritter und, weiter östlich, die Wüstenschlösser der Omajjaden von der Dekadenz jener frühislamischen Kalifen. Und verschiedenenorts, am beeindruckendsten ohne Zweifel in Madaba, künden mit bunt schillernden Bildern belegte Böden von der vollendeten Kunst hellenistischer und byzantinischer Mosaizisten.

Was, last but not least, jeden Neuankömmling an Jordanien zusätzlich positiv überrascht, ist die unkomplizierte Art, auf die sich hier reisen lässt. Der Mietwagen rollt über breite, tadellose Asphaltstraßen. Die Hotels sind, zumindest ab der Mittelklasse und in den touristischen Zentren, sauber und komfortabel, in den luxuriösen Kategorien gar auf absolut internationalem Top-Niveau. Und die Menschen begegnen Fremden extrem gastfreundlich. Mit einem Wort: Dieses Land bietet den schönsten Beweis dafür, dass der Wunsch, jemanden in die Wüste zu schicken oder über den Jordan gehen zu lassen, durchaus auch wohlgemeint sein kann.

Linke Seite:
Es war der Schweizer Orientreisende Johann Ludwig Burckhardt, der im Sommer des Jahres 1812 als erster Europäer am Ende des Siq, der Zugangsschlucht, vor dem Khazne Faraun, dem Schatzhaus, stand. Ihm gebührt somit der Ruhm, Petra, diese phantastische Ruinenstätte, für die Außenwelt wiederentdeckt zu haben. Mit systematischen Grabungen jedoch wurde erst 1924 gestartet.

Links:
Bis Mitte der 1980er-Jahre bevölkerten Beduinenfamilien in schwarzen Ziegenhaarzelten die Felshöhlen Petras. Nach ihrer Umsiedlung sind Einheimische hier nur noch tagsüber als Souvenirhändler oder „local guides" anzutreffen.

Seite 140/141:
Felsgräber in Petra: Ihre Schöpfer, die Nabatäer, lebten vom Fernhandel mit Weihrauch, dessen Transport sie von Zentralarabien bis ans Mittelmeer koordinierten. Im letzten vorchristlichen Jahrhundert erstreckte sich das Reich dieses friedsamen Volkes vom heutigen Saudi-Arabien bis nach Damaskus.

Linke Seite:
Pflichtstationen bei jeder
Besichtigung der Zwei-Millionen-
Metropole Amman, die sich auf
einer Seehöhe zwischen 750
und 1000 Metern wie Rom über
sieben Hügel erstreckt, sind
selbst für Eilige der Souk,
das Römische Theater,
die König-Abdullah-Moschee
sowie der Zitadellenhügel mit
dem Archäologischen Museum
und – im Bild zu sehen – den
Resten antiker Tempelanlagen.

Das weitläufige Ruinenfeld der
römischen Handelsmetropole
Gerasa, heute unter dem Namen
Jerash weltbekannt, ist die mit
Abstand größte klassische
Sehenswürdigkeit des jordanischen
Nordens. Die Kolonnadenstraße,
Triumphbögen und Amphitheater
(im Bild: das nördliche der beiden),
die imposanten Reste von
Tempeln, Kirchen und Bädern
rechtfertigen den Beinamen
„Pompeji des Ostens".

Linke Seite und ganz links unten:
Ein ganz spezielles Erlebnis stellt das Bad in den Fluten des Toten Meeres dar: Dank dem extrem hohen Salzgehalt und, daraus resultierend, dem enormen Auftrieb kann man sich ohne geringste Anstrengung auf dem Rücken treiben lassen. Im Bild: Salzablagerungen entlang dem Ufer.

Ganz links oben:
Auf dem Berg Nebo, jenem Sporn eines Hochplateaus, von dem aus sich eine atemberaubende Aussicht auf das Tote Meer, den See Genezareth und Jericho bis nach Jerusalem eröffnet, erblickte – glaubt man der Bibel – Moses vor rund 3200 Jahren erstmals das Gelobte Land. Im Bild: die dort von den Franziskanern erbaute Kirche.

Links:
Neben dem Moses-Memorial, einem von einer Schlange umschlungenen Kreuz, das den Gipfel des Berges Nebo markiert, kniete im Jahr 2000, am Beginn seiner Millennium-Reise, Papst Johannes Paul II. zum Gebet nieder.

Seite 146/147:
Dünen und Gebirgsformationen im Wadi Rum. Das legendäre Felsental wurde 1988 zum Naturschutzgebiet erklärt. Als solches wird es seither nach modernsten Methoden verwaltet und touristisch vermarktet.

Linke Seite:
Die bis zu 1500 Meter hohe Bergkette im Raum Petra bricht auf atemberaubende Weise zur Jordan-Senke, die hier Wadi Araba heißt, bis unter Meeresniveau ab. Von ihrem oberen Rand genießt man zur magischen Stunde wie von einem Logenplatz einen traumhaften Blick auf das in allen Schattierungen von Orange, Ocker und Braun leuchtende Landschaftstheater.

Ein meditierendes Kamel im Wadi Feynan, dem westlichen und tief gelegenen Abschnitt des Dana-Nationalparks.

149

Ägypten – das wundersame Land am Nil

Ägypten sei reicher an Wundern als jedes andere Land, schwärmte Herodot schon vor 2500 Jahren. Das Urteil des „Vaters der Geschichte" hat bis heute nicht an Gültigkeit verloren. Denkt man an das Land am Nil, steigen im Geist sofort verheißungsvolle Bilder auf: die schier endlosen Strände und Tauchparadiese zwischen Hurghada und Marsa Alam, Sharm el-Sheikh und Taba am Roten Meer zum Beispiel, altehrwürdige Moscheen, labyrinthische Basare oder die frühchristlichen Koptenklöster in der Östlichen Wüste und im Wadi Natrun. Vor allem jedoch kommen jedem natürlich die grandiosen Baudenkmäler der pharaonischen Hochkultur in den Sinn. Ihnen von Kairo nilaufwärts tausend Kilometer weit bis nach Abu Simbel die Parade abzunehmen, ist denn auch ein Muss für jeden Ägypten-Besucher, ja eines der beeindruckendsten touristischen Erlebnisse auf dieser Welt überhaupt.

Unübersehbare Blickfänge bilden südwestlich von Kairo, am linken Nilufer, fast 100 Pyramiden, allen voran die in Gizeh, Saqqara und Dashur, die das ägyptische Volk zwischen zirka 2500

und 1500 v. Chr. seinen Pharaonen als letzte Ruhestätten errichtete. Einen Brennpunkt des altägyptischen Erbes – und das Hauptziel jeder Reise nach Oberägypten – bildet Luxor, das ehemalige Theben, wo über Jahrtausende die Pharaonen residierten und die Hohepriesterschaft den Götterkult des Amun pflegte. Stätten wie der Tempelkomplex von Karnak, Totentempel wie Medinet Habu, Deir el-Bahari oder das Ramesseum am Westufer verdrehen mit ihren Wandreliefs und erhabenen Säulenwäldern garantiert jedem Besucher den Kopf. Gar nicht zu reden von den prächtig verzierten Gräbern im Tal der Könige, in dem Howard Carter 1922 den legendären Schatz des Tutanchamun entdeckte.

Zwei absolute Höhepunkte markieren, eine (Halb)Tagesfahrt nördlich gelegen, die Tempel von Abydos und Dendera. Doch auch die Fahrt von Luxor flussaufwärts verspricht unvergessliche Begegnungen mit steinernen Zeugen der großen Geschichte – in Esna, Edfu und Kom Ombo, vor allem aber in Assuan, wo die Alten Ägypter ihren Granit brachen und heute zum Wohle

der mittlerweile an die 80 Millionen Ägypter zwei Dämme den gewaltigen Strom stauen. Einen denkbar klangvollen Schlussakkord setzen in Abu Simbel die beiden kolossalen Anlagen, die Ramses II. dort, im äußersten Süden, vor mehr als 3000 Jahren in den Fels schlagen ließ.

Als Inseln nicht nur im schier endlosen Sandmeer der Sahara, sondern auch in der Zeit erscheinen die Oasen im Westen Ägyptens. Kharga, Dakhla, Farafra, Baharriya und Siwa gelten dementsprechend, auch wenn ihre Erschließung mit den sogenannten Segnungen der modernen Zivilisation wie Asphaltstraßen, Zivilflughäfen und komfortablen Hotels bereits begonnen hat, immer noch als Geheimtipps für Individualreisende. Dort kann man sie noch erleben, die Tage wie aus dem Märchenbuch: den Sonnenaufgang auf Kamelrücken oder hoher Sanddüne mit Blick in die majestätische Weite der Wüste; den Mittag im Schatten stiller Palmenhaine oder kühlem Nass eines Quellteichs; den Sonnenuntergang beim stillen Spaziergang durch antike Tempel oder Lehmgassen altersloser Dörfer. Ähnliches gilt für das Innere der Sinai-Halbinsel. Wobei hier, unweit der Südspitze, zwei Top-Attraktionen, nämlich der Mosesberg und zu dessen Füßen das Katharinenkloster, scharenweise Tagesausflügler von der nahen Küste anlocken.

Mit sattgrüner Vegetation und viel Ruhe verwöhnt auch das bislang kaum bereiste Nildelta die Sinne. Freilich warten auch hier, zwischen Baumwoll-, Reis- und Gemüsefeldern, kulturhistorische Leckerbissen wie etwa jene der ptolemäischen Metropole Tanis und Städte wie Rosetta, das dank dem Stein, mit dessen Hilfe Jean-Francois Champollion die Hieroglyphen entzifferte, Weltberühmtheit genießt. Von glorreichen Zeiten weiß auch Alexandria zu erzählen. In der Antike berühmt für seine Gelehrten, den Leuchtturm und die Bibliothek, bildete es um 1900 erneut einen Hort kosmopolitischen Geistes. Die einstige Größe dieser „Perle des östlichen Mittelmeers" ist in ihren noblen Villen und Miethäusern, den Cafés, den Art Déco-Kinopalästen und der neuen „Bibliotheca Alexandrina" bis heute lebendig.

Den unbestrittenen Mittelpunkt des Nillandes bildet seit über tausend Jahren die Hauptstadt Kairo. Wer sie nicht gesehen habe, heißt es in den Märchen aus 1001 Nacht, habe die Welt nicht gesehen. Und wirklich: Wie keine zweite Stadt auf Erden verkörpert Al Qahira, „die Siegreiche", rund 150 Generationen Menschheitsgeschichte. In ihrem berühmtesten Museum, dem „Ägyptischen", bündelt sich in Form abertausender Statuen, Stelen, Reliefs und Sarkophagen, die mehrtausendjährige, pharaonische Geschichte des Landes. In seinem historischen Zentrum jedoch ist Kairo eindeutig islamisch geprägt. Dort lässt sich in verwinkelten Basaren, zwischen mächtigen Moscheen, Koranschulen und Karawansereien ein faszinierender Bummel ins Mittelalter unternehmen. Ja, einzelne Türme des Minarettwaldes erzählen noch von der Zeit der Stadtgründung im 10. Jahrhundert, als sich die schiitischen Fatimiden-Herrscher neben der alten arabischen Siedlung Fustat einen ersten Palastbezirk schufen. Nahe dem Fluss hingegen pulsiert die 16 Millionen-Stadt im Rhythmus der Moderne – mit Shopping Malls, zeitgenössischen Museen, einer schicken Gastro- und Nightclub-Szene.

Linke Seite:
Die Moschee al-Hussein liegt der berühmten Al-Azhar-Moschee direkt gegenüber. Kunsthistorisch von geringem Belang, gilt sie aber als spirituelles Kraftzentrum. Denn angeblich beherbergt sie den Kopf des Prophetenenkels und Märtyrers Hussein, den die Kairiner als ihren wirksamsten Schutzheiligen verehren.

Links:
Khan el-Khalili, der große Basar von Kairo, übt auf Touristen eine magnetische Anziehungskraft aus. Daran ändert auch die Tatsache nichts, dass das Warensortiment an diesem so traditionsreichen Knotenpunkt des Kommerzes, wo einst Händler aus Indien, Arabien und dem ganzen Mittelmeerraum ihre Gewürze, Seiden und Edelsteine feilboten, heute weitgehend von Souvenirs bestimmt wird.

Seite 154/155:
El Iskandariya alias Alexandria, Ägyptens große Hafenstadt, wurde noch vor zwei, drei Generationen schwärmerisch „Perle des Mittelmeers" genannt. Mittlerweile hat sie merklich an Pracht verloren. Doch die neue, architektonisch spektakuläre „Bibliotheca Alexandrina" soll sie wieder zu einem Brennpunkt weltläufigen Geistes machen. Im Bild: die Corniche am östlichen Hafen.

Bilder rechts:
In Alexandrias Zentrum zwischen den charmant gealterten Fin-de-siècle-Fassaden, den Art-Deco-Kinos, Jugendstil-Cafés und -Hotels auf den Spuren der glorreichen Vergangenheit zu wandeln, birgt großen Reiz.

Rechte Seite:
Wo heute im Hafen von Alexandria das von den Osmanen erbaute Fort Qaitbey steht, ragte einst der legendäre Pharos, eines der sieben Weltwunder der Antike, in den Himmel. Im davor gelegenen Hafenbecken haben Meeresarchäologen in den 1990er-Jahren die Fundamente und auch Skulpturen des ptolemäischen Königsviertels entdeckt.

Seite 158/159:
Auch wenn man sie nicht mehr besteigen darf: Der Anblick der drei großen Pyramiden von Gizeh allein lohnt jede Reise an den Nil; umso mehr, wenn man zu jenen Privilegierten gehört, die das Panorama vom Swimmingpool des legendären Fünf-Sterne-Hotels Mena House aus genießen dürfen.

Die „drei Großen von Gizeh".
Der Dichter Jean Cocteau schrieb
angesichts einer nächtlichen
Begegnung mit ihnen: „Wir sind
in einer Art Betäubung erstarrt.
Der Schnee der Sterne fällt auf
die Pyramiden, auf die Sphinx,
auf die Sanddünen, auf uns und
auf die Kamele. Mein Führer
zupft mich am Ärmel. Wir
müssen zurückkehren, man soll
sich nicht übersättigen an einem
Anblick, dem die Weltberühmtheit
kein Geheimnis entzieht."

Die innige Beziehung zum Kamel
ist auch in arabischen Gesell-
schaften noch vorhanden, die
ihre nomadische Lebensweise
längst aufgegeben und sich dem
Komfort des High-Tech-Zeitalters
verschrieben haben. Dies gilt
auch für die Ägypter, die ja in
der überwiegenden Mehrheit
seit alters nicht in der Wüste,
sondern als Bauern am Nil oder
in den Städten leben. Im Bild:
Touristen auf einem Kamelritt
nahe dem Stadtrand von Gizeh.

161

Rechts:
Zirka zehn Kilometer südlich von Gizeh liegt Saqqara, der Friedhof der 5000-jährigen Hauptstadt Memphis. Im Zentrum dieser größten Nekropole des Alten Ägypten liegt der Grabbezirk des Königs Djoser mit der berühmten Stufenpyramide. Zu ihren Füßen fanden Archäologen zahlreiche Gräber mit fantastischen Reliefs. Im Bild: Wüstenlandschaft am Rand des Grabungsareals.

Rechte Seite:
Die Sphinx bewacht den Zugang zum Pyramidenplateau. Sie war die erste wirklich kolossale, königliche Skulptur in der Geschichte des Alten Ägypten. Ihre Ausmaße: 20 Meter in der Höhe, 73 in der Länge. Ein Ohr misst 140 Zentimeter, das Gesicht insgesamt 450.

Seite 164/165:
Blick von der Kairoer Zitadelle auf das schier unendliche Häusermeer der 15-Millionen-Metropole. Im Vordergrund: die Mitte des 14. Jahrhunderts unter den Mameluken erbaute Sultan-Hassan-Moschee und, vis-à-vis, ihr kaum 100 Jahre altes Gegenstück, die Rifai-Moschee.

162

Rechts:
Die Wasserpfeife, die sheesha oder narghile, wie sie in Nordafrika beziehungsweise der Türkei heißt, gehört zum unverzichtbaren Requisit jedes Kaffeehausbesuchers. Ihre gläsernen Rümpfe stammten ursprünglich, als sie im 18. Jahrhundert in Mode kamen, aus Böhmen. Ihre Mundstücke und die sogenannten Locken aus Meerschaum, auf die man die Tabakbällchen samt glühender Holzkohle legt, aus Westanatolien.

Ganz rechts:
Ein exzellent sortierter Gewürz- und Teeladen im Basarviertel Khan el-Khalili.

Rechte Seite:
Khan el-Khalili, Kairos großer Basar, ist seit den goldenen Zeiten des Mittelalters ein zentraler Warenumschlagplatz und heute ein Eldorado für Souvenir- und Antiquitätenjäger.

Bilder rechts:
Mindestens ebenso sehr, wie die sagenhaften Schätze in seinen Museen und die Aberhunderten Baudenkmäler fasziniert jeden Besucher von Kairo die unerschütterliche Heiterkeit seiner Bewohner. Da mag im Basar noch so heftig gefeilscht, im Stoßverkehr noch so rücksichtslos gedrängelt und am Straßenrand noch so inständig um Bakschisch gebeten werden – fast jeder zwischenmenschliche Kontakt ist in dieser Stadt, wie im gesamten Land, von einem Lächeln oder zumindest schelmischen Augenzwinkern begleitet.

Rechte Seite:
Die Sharia al-Muizz, die als Lebensader die islamische Altstadt quert, verwandelt sich unweit der berühmten Azhar-Moschee Tag für Tag in einen riesigen und preisgünstigen Open-Air-Markt.

Seite 170/171:
Panoramablick vom Kairo-Tower auf die Hoteltürme, die an der Südspitze der Gezira und am Ufer von Garden City himmelwärts ragen. Die Nilinsel ist, verglichen mit den anderen Stadtbezirken, ein grünes Refugium.

Linke Seite:
Es gehört seit vielen Jahren zu den vermeintlichen Pflichtübungen jedes ausländischen Berichterstatters, das Apokalyptische am Stadtkoloss Kairo zu beschwören. Auf seine 16 Millionen Bewohner warte, so wird kolportiert, unweigerlich der kommunale Kollaps. Armut, Wohnungsnot, Lärm, Smog und Müllproblem sind in der Tat schlimm. Dennoch wurden in den letzten Jahren in manchen Bereichen – Verkehr, Telekommunikation oder Abwasserbeseitigung zum Beispiel – große Fortschritte erzielt. Im Bild: Das moderne Straßennetz im Herzen der Neustadt.

Keine schlechte Aussicht: Ein junges Paar, Angehörige des rapide wachsenden Mittelstands, blickt vom Balkon des Kairo-Towers hinab auf den Nil und die Insel Gezira.

Was in dem Stadtmoloch jeden Europäer sofort frappiert, ist die Fähigkeit der Kairiner, dem Leben sogar in den schlimmsten Slums heitere Seiten abzugewinnen. Dabei hätten gerade junge Frauen – zumindest nach westlichem Verständnis – durchaus Gründe, gelegentlich mit dem Schicksal zu hadern. Beispielsweise müssen immer noch neun von zehn im Alter zwischen fünf und zwölf die Beschneidung ihrer Genitalien über sich ergehen lassen. Im Bild: Wohngegend am Rand des Altstadtviertels.

Rechte Seite:
Alt und neu finden sich in Kairo dicht nebeneinander: Diese Moschee aus dem 19. Jahrhundert hat das Schicksal direkt an eine der mehrspurigen, auf Stelzen errichteten Stadtautobahnen verschlagen.

174

Linke Seite:
Ein mittlerweile sehr seltener Anblick: eine Felukka, das klassische großsegelige Nilboot, im Zentrum von Kairo. Rechts ragt eines der Wahrzeichen der modernen Hauptstadt, der Kairo-Tower, ins Bild. Er ist 187 Meter hoch und wurde 1961 auf Geheiß von Präsident Gamal Abd el Nasser errichtet.

Sonnenuntergang über Kairos Zitadelle und der islamischen Altstadt. Letztere verfügt über einen schier unerschöpflichen Bestand an historisch wertvollen Gebäuden. Allein unter den islamischen Monumenten hat die UNESCO über 600 zu unbedingt erhaltenswerten Kunstdenkmälern erklärt.

Der Moscheewächter am Eingang in die Rifai-Moschee, die mit ihren dekorativen Marmorinkrustationen das Auge jedes Gläubigen erfreut.

Rechte Seite:
Bis heute ist die Moschee in Ägypten, wie überall in der Islamischen Welt, nicht nur Ort des Gebets, sondern auch der Sammlung, des Lernens und der entspannten Geselligkeit. Im Bild: das Innere der im typisch türkisch-imperialen Stil gebauten Muhammad-Ali-Moschee auf der Kairoer Zitadelle.

Rechts:
Die kunstvoll mit verschieden-
farbigen Steinen gestaltete
Gebetsnische (Mihrab) der
Sultan-Hassan-Moschee.

Rechts unten und ganz rechts:
Ausstattungsdetails der 1912 im
äußersten Westen der Kairiner
Altstadt erbauten Rifai-Moschee.
In ihr fand 1980 der kurz zuvor
nach Ägypten exilierte Schah
von Persien seine letzte Ruhe.

Rechte Seite:
Die Kenntnis des Korans gilt –
nicht nur in Ägypten – nach wie
vor als ein vorrangiges
Bildungsziel. Noch vor Beginn
ihrer eigentlichen Schulzeit
lernen viele Kinder das heilige
Buch rezitieren. Schon in jungen
Jahren bekommen sie vermittelt,
dass der Koranlehrer,
ja überhaupt jede Person,
die etwas lehrt, strikt zu
respektieren ist und Desinteresse
am Unterricht Sünde ist.
Im Bild: ein frommer Mann in
der vom muslimischen Eroberer
Amr Ibn al As erbauten Moschee
– Kairos erster, ja überhaupt der
ältesten auf dem afrikanischen
Kontinent.

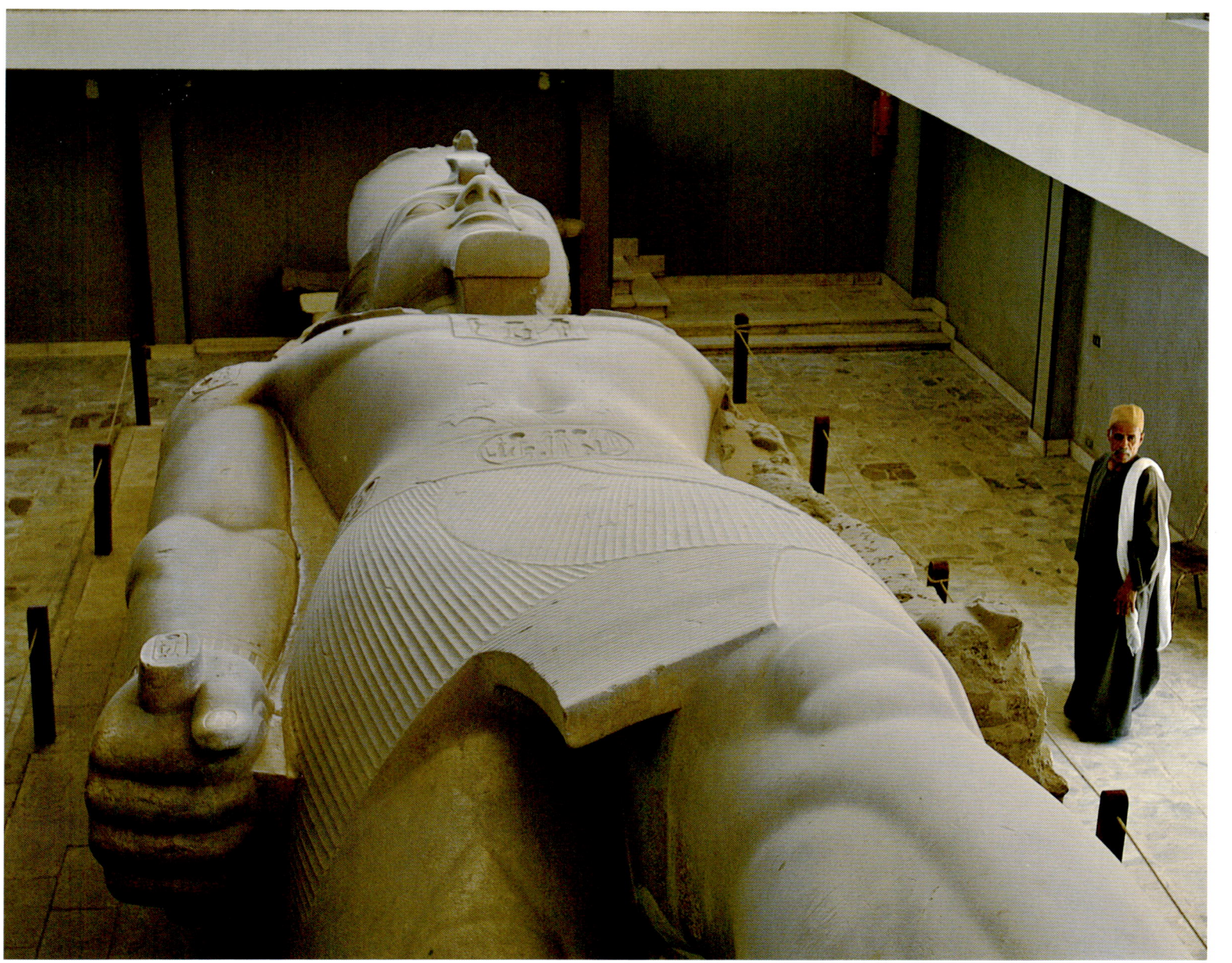

Linke Seite:
Der Grabbezirk des Djoser, einem Pharao der 3. Dynastie, in Saqqara wurde um das Jahr 2600 v. Chr. von dessen Ratgeber Imhotep erbaut. Diesem visionären Mann, der nicht nur als Baumeister, sondern auch als Schriftsteller, Heiler und Hohepriester wirkte, verdanken alle späteren Baukünstler dieser Welt ihr fundamentales Formenvokabular. Im Bild: ein Gebäude aus dem Areal zu Füßen der Stufenpyramide.

Links:
Von Memphis, der Hauptstadt des Alten Reiches, deren Wurzeln bis in das 5. Jahrtausend zurückreichen und die bis in griechisch-römische Zeit ein wichtiger Armeestützpunkt blieb, sind nur noch wenige Reste vorhanden. Wichtigstes Relikt ist die liegende, 13,5 Meter große Statue von Ramses II.

Seite 184/185:
Das Niltal bei Sonnenaufgang: Vor solcher Traumkulisse wird jede Flusskreuzfahrt zur Zeitreise – in ferne, geheimnisvolle Vergangenheiten, zugleich aber in eine sehr gegenwärtige Welt, deren Ruhe und Anmut die Seele im Innersten berühren.

Eine Statuenreihe im Tempel von Karnak: Die Anlage, die größte im pharaonischen Ägypten, war über viele Jahrhunderte das zentrale Heiligtum im Land. Geweiht war sie Amun, dem „Verborgenen", der gemeinsam mit seiner Gattin Amaunet bereits in den Pyramidentexten des Alten Reiches als Urgott Erwähnung fand, jedoch erst um 2000 v. Chr. zum thebanischen Reichsgott aufstieg.

Rechte Seite:
Der Große Säulensaal im Amun-Heiligtum von Karnak verdreht jedem Betrachter unweigerlich den Kopf. Die Reliefs an den Innen- und Außenwänden zeigen die Heldentaten von Sethos I. und Ramses II. während ihrer Kämpfe gegen die asiatischen Nachbarvölker.

Linke Seite:
Der Luxor-Tempel erreichte
in seiner endgültigen, der
jetzigen Form, eine Länge von
260 Metern. In seiner
Nordostecke steht – links im
Bild sind Kuppel und Minarett
zu sehen – die Moschee des
bis heute sehr populären
Heiligen Abu al Haggag.

Links:
Der Grundstein zum Tempel
von Luxor, zu dem auch dieser
52 Meter lange Säulengang
gehört, wurde um 1400 v. C.
von Amenophis II. gelegt.
Als architektonisches Sinnbild
für die Macht des Neuen Reiches
wurde er der thebanischen
Dreieinigkeit Amut, Mut und
Chons geweiht und von den
nachfolgenden Herrschern
Stück um Stück verändert
und erweitert.

Seite 190/191:
Wenige Schritte östlich des
großen Amun-Tempels von
Karnak befindet sich der heilige
See. Auf ihm fuhren die Priester
im Rahmen von Prozessionen
in Booten mit dem Kultbild
des über alles verehrten
Gottes umher.

Linke Seite:
Im Abendlicht an Bord einer Felukka, dem charakteristischen, großsegeligen Nilgefährt, über das Wasser zu gleiten und sich von der warmen Brise umschmeicheln zu lassen, gehört mit zu den herrlichsten und unvergesslichsten Momenten jeder Ägyptenreise.

Links:
Gegen Sonnenuntergang, wenn die gebirgigen Ränder des Niltales in goldgelbem Licht erstrahlen, haben die Ausflugsboote auf dem majestätischen Strom in Luxor Hochbetrieb. Dann zieht die archaische Landschaft mit ihren Palmenhainen und Feldern, Lehmdörfern und steinernen Tempeln gleichsam in Breitwand-Cinemascope an dem von soviel Pracht gebannten Betrachter vorbei.

Seite 194/195:
Deir el-Bahri, der Totentempel der Königin Hatschepsut, zählt ohne Zweifel zu den imposantesten Anlagen des Alten Ägypten. Und der frühe Morgen, wenn die aufgehende Sonne die drei Terrassen mit ihren langen Säulenreihen und die dahinter 300 Meter hoch aufragende Felswand in glutrotes Licht taucht, ist der rechte Zeitpunkt für seine Besichtigung.

Bilder rechts:
In den Tempeln und Grab-
anlagen Oberägyptens kommt
das Auge aus dem Staunen nicht
mehr heraus. Wohin es auch
blickt, findet es fantastische
Reliefs, zum Teil in erstaunlich
gut erhaltenen Farben. Das Bild
rechts zeigt die rituelle Überfahrt
an das Westufer des Nils, das
Totenreich, dargestellt im Grab
Ramses' III. im Tal der Könige.
Ganz rechts: eine Szene aus
dem Grab Tuthmosis' III.

Rechte Seite:
Im Tal der Könige taucht man zu
Füßen senkrechter Wände hinab
in die Tiefen der Geschichte. Vor
mehr als 3000 Jahren wurden
hier die ruhmreichen Herrscher
des Neuen Reiches zur letzten
Ruhe gebettet. 1922 entdeckte
Howard Carter hier den legendären Schatz des Tutanchamun.
Im Bild: das Grab Tuthmosis' III.

Seite 198/199:
Mit dem Heißluftballon über
Theben-West: Zwischen dem
sattgrünen, vom Nil gesäumten
Fruchtland im Osten und den
kahlen Felswänden im Westen
kann man einer langen Reihe
monumentaler Totentempel,
unter anderem jenen eines
Amenophis III., Ramses II.
oder III., die Parade abnehmen.

196

Marokko – Magie zwischen Atlas und Atlantik

„In Marokko darfst du dich über nichts wundern. Wenn du einem fliegenden Esel begegnest, sage nur, Allah vermag alles zu tun." Das alte Sprichwort umschreibt auf poetische Weise jene Magie, die jeder, der diese Monarchie im äußersten Nordwesten der islamischen Welt zum ersten Mal bereist, auf Anhieb verspürt. Vielleicht liegt es an der immensen Vielfalt an Einflüssen, denen das am Schnittpunkt Schwarzafrikas, Arabiens und Europas gelegene Land im Lauf seiner langen Geschichte ausgesetzt war? Phönizier und Römer, Araber und Berber, Moslems, Juden, portugiesische, spanische und französische Kolonisatoren – sie alle hinterließen Spuren, die dem kollektiven Wesen der mittlerweile rund 34 Millionen Marokkaner und damit auch deren Heimat ein einzigartiges, sehr eigenwilliges Gepräge verliehen.

Mit Sicherheit hat an dieser speziellen Atmosphäre die tiefe Spiritualität der Menschen großen Anteil. Ganz Marokko ist mit Heiligengräbern überzogen wie mit einem Geflecht aus Perlen. Dieses Netz aus Kraftorten hält die Seele des Volkes gefangen und gibt ihr zugleich Halt. Der Geist der dort verehrten Toten regelt, so der weit verbreitete Glaube, einen unsichtbaren Strom von Energie, die bei allen Arten von Alltagsproblemen zu helfen vermag. Die westlich erzogene Elite in den Großstädten mag vom Anschluss an die Europäische Union und der Tunnelverbindung nach Andalusien träumen. Doch die Mehrheit der Menschen in den Oasen am Rand der großen Wüste oder den abgeschiedenen Berberdörfern des Atlas- und Rif-Gebirges kann nach wie vor weder lesen noch schreiben, erachtet ihren König als gottgesandt und ihr Schicksal als unabänderlich.

Tatsache ist, dass Marokko, dessen Name sich vom arabischen „Al-Maghreb", dem „Land des Sonnenuntergangs" ableitet, auf Mitteleuropäer ausgesprochen pittoresk wirkt. Zum einen entzücken die vielgestaltigen Landschaften jedermanns Auge – die im Frühjahr blumenbunten Felder des Nordens und die ganzjährig palmgrünen Oasen des Südens, die weitgehend menschenleeren Strände am Atlantik oder Dünenmeere der Sahara, die alpin anmutenden Wälder des Mittleren Atlas und die in satten Rot-, Grau- und Terrakottatönen changierenden Felstäler des Hohen Atlas. Sinnbetörend ist aber auch die traditionelle Architektur: Wer jemals vor einem Nomadenzelt oder auf der Terrasse einer Kasbah, jener befestigten Dörfer aus Lehm, die – noch – zu Hunderten die Flusstäler am Rande der Wüste säumen, beim Minztee, auf Kissen und Teppichen hingestreckt, das Ende eines heißen Tages genoss, wird dies nie vergessen. Auch stille Mittagsstunden im Patio eines Altstadthauses, wo, von Keramikmosaiken, filigranem Stuck- und Schnitzwerk umrahmt, Zitrusbäumchen wachsen und

Ein Mohnfeld nahe Boumalne du Dades, dem am Ausgang der gleichnamigen Schlucht gelegenen Ort, der Alpinisten als Startplatz für Bergtouren in den Hohen Atlas dient. Wie hier, stößt man entlang der „Straße der Kasbahs" immer wieder auf sehr fruchtbare, für Obst-, Gemüse- und Getreideanbau genutzte Landstriche.

ein mit Rosenblättern bestreuter Brunnen plätschert, graben sich tief ins Gedächtnis. Marokko ist für Ästheten mit und ohne Kamera der Himmel auf Erden.

Mit Abstand größter Ballungsraum und zugleich Wirtschaftsmetropole dieses von dem noch jungen Monarchen Mohammed VI. mit viel Gespür für die rechte Balance zwischen Fortschritt und Tradition regierten Landes ist Casablanca. Das von über vier Millionen Menschen bevölkerte „Weiße Haus", arabisch Dar el-Beida, ist ziemlich gesichtslos modern und verströmt nichts von der Romantik jenes legendären Filmklassikers, der Humphrey Bogart zur Schauspielerikone machte. Eine Sehenswürdigkeit von Rang jedoch fordert hier eingehende Betrachtung: die 1993 eröffnete, nach ihrem Bauherrn benannte Große Moschee Hassan II. – ein direkt am Meer thronender, ungemein reich verzierter Kolossalbau, der seinesgleichen im ganzen nördlichen Afrika nicht hat.

In ihrer Gesamtheit ungleich sehenswerter – und deshalb in der Regel auch Fixpunkte auf jeder Rundreise – sind die Königsstädte Rabat, Marrakesch, Meknès und Fès. Letzteres, in bukolisches Hügelland gebettet, ist die älteste der vier und bildete, bevor es 1912 auf Betreiben der Franzosen seinen Rang als Regierungssitz

an Rabat abtreten musste, viele Jahrhunderte lang den politischen, aber vor allem auch kulturellen, religiösen und wirtschaftlichen Mittelpunkt des gesamten Maghreb. Seine Universität, La Qaraouyine, lockte als eine der renommiertesten Lehranstalten des Islams schon sehr früh aus aller Welt die größten Denker an, und die Grabmoschee von Idris II., dem Stadtgründer und Schutzheiligen, stets Heerscharen von Pilgern. Zudem machten die Abertausenden in der Medina tätigen Meister Fès zu einem Hort exquisitesten Kunsthandwerks.

Glänzendstes Reiseziel im Süden ist, neben Agadir, dem Eldorado für Charter-Badeurlauber, Marrakesch. Die bis heute von gewaltigen, zwölf Kilometer langen Mauern und weitläufigen Palmenhainen eingefasste „rote Perle" wurde im 11. Jahrhundert von den Almoraviden gegründet und bildete alsbald den Nabel eines Großreiches, das sich von der Sahara bis nach Spanien und vom Atlantik bis nach Algerien erstreckte. Die Quintessenz jener Mischung aus arabischem und afrikanischem Lebensgefühl, das jeden Fremden an ihr so fasziniert, vermittelt der legendäre Djemaa el-Fna, der riesige, rund fünf Hektar große Platz zwischen Alt- und Neustadt mit seinem unvergleichlichen Jahrmarkt.

Apropos Medinas: Deren Unversehrtheit verdanken die geschichtsträchtigen Städte Marokkos, von Tanger im äußersten Norden bis Taroudannt zu Füßen des Atlas-Gebirges, paradoxerweise einem Franzosen. Als das Land 1912 unter das Protektorat der Pariser Regierung fiel, traf Marschall Hubert Lyautey, der erste von der Seine entsandte Generalresident, eine überaus weitsichtige Entscheidung. Statt, wie anderswo von Kolonialisten gerne praktiziert, die Altstädte schleifen oder von westlichen Architekten verunstalten zu lassen, befahl er den Bau neuer, europäischer Bezirke grundsätzlich außerhalb der Stadtmauern. Die französischen Verwaltungsbeamten erhielten so moderne, ihren Wünschen nach Komfort entsprechende Quartiere. Die historischen Zentren hingegen konnten dank dieser Maßnahme – auch zur großen Freude nachgeborener Touristen – allesamt ihre gewachsenen architektonischen und (teilweise zumindest) auch sozialen Strukturen bewahren.

In der Altstadt von Fès entstanden im Spätmittelalter – hauptsächlich dank maurischer Künstler aus Spanien – eine Fülle architektonischer Juwele, allen voran mehrere berühmte Koranschulen, deren prächtiger Stuck-, Schnitz- und Fliesendekor jenem der Alhambra in Granada kaum nachsteht. Im Bild: ein Schmuckdetail aus der Medersa Bou Inania.

Linke Seite:
Fès, die älteste der vier marokkanischen Königsstädte war,
bevor sie 1912 auf Betreiben
der Franzosen ihren Rang als
Regierungssitz an Rabat abtreten
musste, viele Jahrhunderte lang
der politische, aber vor allem
auch kulturelle, religiöse und
wirtschaftliche Mittelpunkt nicht
nur des Landes, sondern des
gesamten Maghreb.
Im Bild: Bab Chorfa, eines der
Tore der Altstadt Fès el-Bali.

Szenen aus den Souks von
Alt-Fès, die zu den von modernen
Einflüssen unversehrtesten und
daher stimmungsvollsten des
gesamten Orients gehören.

Linke Seite:
Chouara, das Viertel der Gerber und Färber von Fès, aus der Perspektive des eiligen Touristen betrachtet. Wer von der Aussichtsterrasse in diese Arena herabsteigt, ringt erst einmal ein paar Minuten nach Atem. Die Männer, die hier ein Leben lang arbeiten, werden die pestilenzialischen Ausdünstungen nie mehr los.

Die Bewohner der Altstadt von Fès halten ihre Traditionen und auch die alten Handwerksberufe wie etwa das Schmieden, Drechseln und Scherenschleifen geflissentlich lebendig.

Linke Seite:
Fès war über Jahrhunderte die intellektuelle Hauptstadt des Königreiches. Seine Bewohner, die Fassi, stellten die kulturelle und politische Elite. Aus der Qaraouyine-Universität gingen große Theologen, Mediziner und Schriftgelehrte hervor. Und in den 1930er- und 1940er-Jahren bildete es die Keimzelle des marokkanischen Nationalismus. Im Bild: der Souk at-Medina in Fès el-Bali.

Links:
Im Mittelalter war Fès den europäischen Städten kulturell weit voraus. Jetzt führt es dank seiner Zeitlosigkeit und dem unverändert gebliebenen Charakter den Besucher wieder in diese Epoche zurück: Seine insgesamt 40 Kilometer lange Stadtmauer ist samt ihrer kolossalen Tore – im Bild: Bab Bou Jeloud – komplett intakt.

Seite 210/211:
Der Atlantikhafen Essaouira, rund 170 Kilometer nördlich von Agadir gelegen, steht im Ruf, Marokkos kühlste und wind- reichste Küstenstadt zu sein. Nicht ohne Grund suchen ihn im Hochsommer viele Bewohner des Landesinneren zum Baden auf.

Der Hafen von Essaouira am Fuß der Befestigungsanlagen verströmt einen eigenen, beinah möchte man meinen bretonischen, Charme – insbesondere früh am Morgen, wenn der nächtliche Fang unter den wartenden Händlern versteigert wird.

Rechte Seite:
Eigentlicher Gründer Essaouiras in seiner heutigen Form war Sultan Sidi Mohammed Ben Abdallah. Er verwandelte 1760 den seit den Phönikern genutzten Handels- in einen stark befestigten Kriegshafen, um von hier aus das rebellische Agadir zu unterwerfen. Zugleich ließ er von einem französischen Architekten die ungewöhnlich rechtwinklige Medina anlegen.

Linke Seite:
Der Arganenbaum wächst ausschließlich in Südwest-Marokko, dem Dreiecks-Gebiet zwischen Safi, Guelmim und dem Sous-Tal. Aus den nussigen Kernen seiner olivenartigen Früchte produzieren örtliche Frauen-Kooperativen ein hochwertiges, die Verdauung förderndes Öl.

Bilder links:
Straßenszenen aus Essaouira (oben und links unten): Was beim Stadtbummel speziell auffällt, sind die vielen Holzeinlegearbeiten und Galerien. Die Hafenstadt ist ein Zentrum der zeitgenössischen marokkanischen Kunst und des Kunsthandwerks. Für Letzteres, insbesondere den Silberschmuck, ist auch der Küstenort Tiznit bekannt (unten rechts).

Seite 216/217:
Guelmim, die im östlichen Abschnitt der „Straße der Kasbahs" gelegene Großoase, ist von alters her ein wichtiger Platz für den regionalen Handel. Hierher pflegen die Berber aus den Tälern des Hohen Atlas und Djebel Ougnat ihre Waren und Tiere zu bringen. Ein buntes Bild bietet denn auch der hier jeden Samstag auf einem großen Geviert stattfindende Kamel- und Ziegenmarkt.

Rechts:
Bäuerinnen der Kooperation Al Baraka, die sich im Tal der Ammeln, unweit von Tafraoute, der Herstellung von Arganenöl widmet.

Ganz rechts:
Die Marokkaner halten das im gesamten arabischen Raum obligate Gebot der Gastfreundschaft besonders hoch. Der Gast muss essen! Dieser Regel folgen sie von alters her. Selbst der allerärmste Mann wird das letzte Tier, das er besitzt, schlachten, um dem Gast ein herzhaftes Mahl zu bereiten.
Im Bild: Marktgängerinnen im Souk von Guelmim.

Marokkos Landwirtschaft steckt seit langem in einer tiefen Krise. Obwohl immer noch rund 40 Prozent in ihr tätig sind (vor 40 Jahren waren es noch 70), trägt sie kaum mehr als 20 Prozent zum Bruttoinlandsprodukt bei. Hauptübel ist, unter anderen, das überkommene Erbrecht, das zur Fragmentierung der Felder führt. Nur jeder hundertste Bauer besitzt mehr als 50 Hektar Land. Die Versorgung mit Lebensmitteln ist grundsätzlich überall gewährleistet. Im Bild: auf den Märkten von Guelmim (links) beziehungsweise Tiznit (ganz links).

Linke Seite:
Das Städtchen Taroudannt, das wegen seiner mächtigen, rötlichen, acht Kilometer langen Lehmmauern und der Nähe zum Hauptkamm des Hohen Atlas auch „Klein-Marrakesch" genannt wird, genießt als Zentrum der fruchtbaren Sous-Ebene von alters her großen Wohlstand.

Eine herrliche Bambusallee führt schnurgerade auf den Eingang des Hotels Gazelle d'Or, einer etwas außerhalb von Taroudannt gelegenen Oase des Luxus und der Stille, zu.

Linke Seite und links:
Der Atlas als geografischer Begriff taucht erstmals bei Herodot und Ptolemäus auf. Und zwar als mauretanischer Teil des großen, sich von der atlantischen Küste des heutigen Marokko bis nach Tunesien hinziehenden nordafrikanischen Tertiärgebirges. Sein Namenspatron ist jene überirdisch starke Gottheit, die zur Strafe für die Teilnahme am Titanenkampf im äußersten Westen das Himmelsgewölbe zu tragen hatte. Im Bild: die Straße über den Pass Tizi n'Test.

Bilder links:
Knapp 50 Prozent der Marokkaner leben nach wie vor auf dem Land – in kleinen Weilern wie diesem bei Imlil im Mizane-Tal (links unten) oder in über ganze Berghänge hingestreuten Dörfern wie jenem im Tal der Ammeln bei Tafraoute (ganz links oben). Zweiräder wie dieses (ganz links unten), fotografiert in Taroudannt, sind auf dem Land bis heute das bevorzugte Fortbewegungsmittel.

Seite 224/225:
Mohnernte auf einem Feld nahe Chefchaouen, dem Zentrum der für Haschischhandel berühmt-berüchtigten Rif-Region.

Linke Seite:
Eine Blütezeit erlebte Marrakesch im 16. Jahrhundert dank der Saadier. Sie verlegten 1524, kurz bevor sie als erstes arabisches Herrschergeschlecht das Reich erneut einigten, die Residenz erneut hierher und verliehen der Stadt, nachdem zuvor die Dynastie der Meriniden 250 Jahre lang von Fès aus über das Land geherrscht hatte, wieder das Flair einer Metropole. Eindrucksvolles Zeugnis von Reichtum und Macht ist die Medersa Ben Yusuf (im Bild), die Herrscher Moulay Abdallah damals bauen ließ – die seinerzeit größte Koranschule des ganzen Maghreb.

Ganz links:
Eindrucksvolles Beispiel für die stupende Dekorkunst der Mosaizisten und Hersteller von Stuck: das Portal einer Moschee in Marrakeschs Medina.

Links:
Aus Holz gezimmert und hernach mit kunstvollen Ornamenten bemalt: eine Kuppel im Hotel Palais Riad Hida in Ouled Berhil nahe Taroudannt.

Die Zubereitung von Tee (oder Kaffee) ist für jeden Araber ein unverzichtbares Alltagsritual. Schließlich spiegelt sich, wie ein marokkanischer Poet einmal formulierte, das ganze Universum darin wider. Die „sinai", das kreisrunde Tablett, stellt die Erde dar, die Kanne den Himmel, und die Gläser sind der Regen. Himmel und Erde vereinigen sich durch den Regen. Ganz rechts: der Empfangsraum in einem traditionellen Berberhaus in Oumesnate im Tal der Ammeln.

Rechte Seite:
Pausenschwatz zweier Händler im Souk von Taroudannt.

Linke Seite:
Fünf Hektar ist die „Versammlung der Toten", wie man den Namen des Platzes Djemaa el-Fna wörtlich zu übersetzen hat, groß, trapezoid und vom frühen Vormittag bis zum späten Abend von Menschenmengen bevölkert – vorwiegend von Touristen, und von Bauern, die aus den Dörfern am Rand der Sahara, aus dem Hohen Atlas und der Sous-Ebene nach Marrakesch kommen, um ihre Produkte feilzubieten, einzukaufen und sich zu amüsieren.

Eine typische Ecke in der Medina von Marrakesch.

231

Linke Seite:
In den verschachtelten Häusern der Altstadt von Marrakesch, deren Bausubstanz jahrzehntelang an der Überbelegung durch Landflüchtlinge, aber auch an Leerständen litt, haben in jüngster Zeit betuchte In- und auch Ausländer private Pensionen eröffnet. Mittlerweile heißen Aberhunderte solcher sogenannter Riads Individualtouristen aus aller Welt willkommen.
Im Bild: Terrasse und Innenhof des Riad Si Said.

Links:
Viele der Riads sind luxuriös ausgestattet, die Übernachtungen dementsprechend nicht gerade billig. In fast allen sind – wie hier im Riad Moussika – die Innenhöfe nach alter Sitte mit einem Brunnen versehen, mit Mosaiken verziert und, fein säuberlich im Quadrat, mit vier Zitrusbäumchen bepflanzt.

Seite 234/235:
Aufwändig terrassierte und bewässerte Felder entlang der Zufahrt auf den Atlas-Pass Tizi n'Tichka.

So vielfältig wie die Landschaften – im Bild: die Wasserfälle von Ouzoud im Mittleren Atlas und der Hohe Atlas bei Taddert am Pass Tizi n'Tichka – ist auch das in Marokko herrschende Klima. Der Küstenregion des Nordwestens bescheren die über das offene Meer herangewehten Feuchtluftmassen reichlich Niederschläge. Weit weniger beregnet werden die südlichen Küstenabschnitte und das Hinterland. Und völlig arid sind die Gebiete im Windschatten des Hohen Atlas, wo das Land in die Sahara übergeht.

Innen- und Außenansichten von
Kasbahs: Das Hotel Dar Kamar –
im Bild: der Aufenthaltsbereich –
ist ebenso in einem solch
repräsentativen wie wehrhaften
Lehmbau untergebracht wie
das – nach Sonnenuntergang
wirkungsvoll illuminierte – Hotel
Ellouze in Tamdaght, unweit von
Aït Benhaddou.

Seite 240/241:
Der unweit der Straße von
Ouarzazate nach Marrakesch
gelegene Ort Aït Benhaddou gilt
als Vorzeige-Kasbah schlechthin.
In der Tat schmiegt sich der von
der UNESCO auf ihre Liste des
Weltkulturerbes gesetzte Dorf-
komplex mit seinen zahlreichen
wuchtigen Turmbauten besonders
malerisch an den Berghang.

Ursprünglich zum Schutz ihrer Bewohner und Abschreckung etwaiger Angreifer erbaut, heißen viele der Kasbahs hinter ihren wehrhaften Lehmmauern mittlerweile Reisende als Gäste willkommen. Im Bild: das Hotel Kasbah Tomboctou in Tinerhir bei Ouarzazate.

Rechte Seite:
In Boumalne du Dades und dem nahen Umland stößt man auf etliche stattliche Kasbahs. Einige von ihnen werden bis heute, ihrem ursprünglichen Zweck gemäß, dauerhaft als Speicherburgen bewohnt.

Abendliches Treiben vor den Mauern der Kasbah von Chefchaouen auf dem Hauptplatz Outa el-Hammam.

Rechte Seite:
Eine im charakteristischen Blau getünchte Altstadt-Gasse in Chefchaouen: Das Städtchen im westlichen Rif-Gebirge galt lange als sehr geheimnisvoll, ja „heilig". Noch zu Beginn des 20. Jahrhunderts durften es Christen nicht betreten. Während ihrer Revolte in den 1920er-Jahren diente es den Berbern als Zentrum des Widerstands.

Linke Seite:
Les Gorges de Dades, jene spektakuläre Schlucht, die von der an der Straße der Kasbahs gelegenen Siedlung Boumalne nordwärts tief in den Hohen Atlas schneidet, zählt zu den landschaftlichen Höhepunkten auf einer Rundfahrt durch den Süden Marokkos. Am Ende des Canyons führt eine Serpentinenstraße bis nach Imilchil, ins zentrale Hochland dieser bis 4165 Meter hohen Gebirgskette.

Ganz links:
Das Flüsschen am Grund der Dades-Schlucht ermöglicht stellenweise das Gedeihen von Buschwerk und Bäumen.

Links:
Eine Palme in der Todhra-Schlucht, die von Tinehir nordwärts verläuft.

Seite 248/249:
Kamele im Erg Chebbi, dem bei Merzouga, in der südöstlichen Flussoase Tafilalet gelegenen Dünengebiet. „Le bâpteme de la solitude", die „Taufe der Einsamkeit", nennen die Franzosen jene tiefe, metaphysische Erfahrung, die jeder Wüstenbewohner macht. Auf ihr basiert das Leben der Nomaden. Nichts säen. Nichts ernten. Kein Haus bauen und nirgendwo auf Dauer verweilen: „Alles vergeht, außer seinem Antlitz", steht wiederholt im Koran geschrieben.

Impressum

Buchgestaltung
SILBERWALD – Agentur für visuelle
Kommunikation, Würzburg
www.silberwald.biz

Karte
Fischer Kartografie, Aichach

Alle Rechte vorbehalten

Printed in Germany

Repro und Layout:
Artilitho, Lavis-Trento, Italien
www.artilitho.com

Druck und Verarbeitung:
Offizin Andersen Nexö, Leipzig
www.oan.de
© 2008   Verlagshaus Würzburg
            GmbH & Co. KG
© Fotos: Christian Heeb
© Texte: Walter M. Weiss

ISBN 978-3-88189-693-1

Weitere Bücher finden Sie unter:
www.verlagshaus.com

Christian Heeb zählt mit über achtzig publizierten Bildbänden zu den erfolgreichsten Reisefotografen der Welt. Seine Bilder werden weltweit in großen Magazinen wie Abenteuer & Reisen, Animan und National Geographic Traveller publiziert. Im Verlagshaus Würzburg sind von ihm unter anderem Bildbände über Australien, Brasilien und Neuseeland erschienen.

Walter M. Weiss hat Geschichte, Publizistik und Politikwissenschaften studiert. Über zehn Jahre war er als Chefredakteur verschiedener Zeitschriften tätig. Im Verlagshaus Würzburg sind von ihm unter anderem Bildbände über China, den Oman und Peking erschienen.

Umschlag vorne:
Ein Kamel-Tross zu Füßen von Dünen am Rand der Wahiba Sands: In den Weiten der Wüste haben diese zähen Vierbeiner dem Menschen soziale Kontakte und den Aufbau von Herrschaftsstrukturen überhaupt erst möglich gemacht. Denn sie können in 24 Stunden bis zu 150 Kilometer weit laufen und dabei bis zu 200 Kilogramm schleppen.

Umschlag hinten:
Ein Touareg, charakteristisch in blauem Tuch gewandet, kredenzt Gästen des Kasbah-Hotels in Tizergate den obligaten Minztee. Das einen herrlichen Duft verströmende Ritual ist sichtbarer Ausdruck jener sprichwörtlichen Gastfreundschaft, der jeder Marokko-Reisende auf Schritt und Tritt begegnet.